AF198724

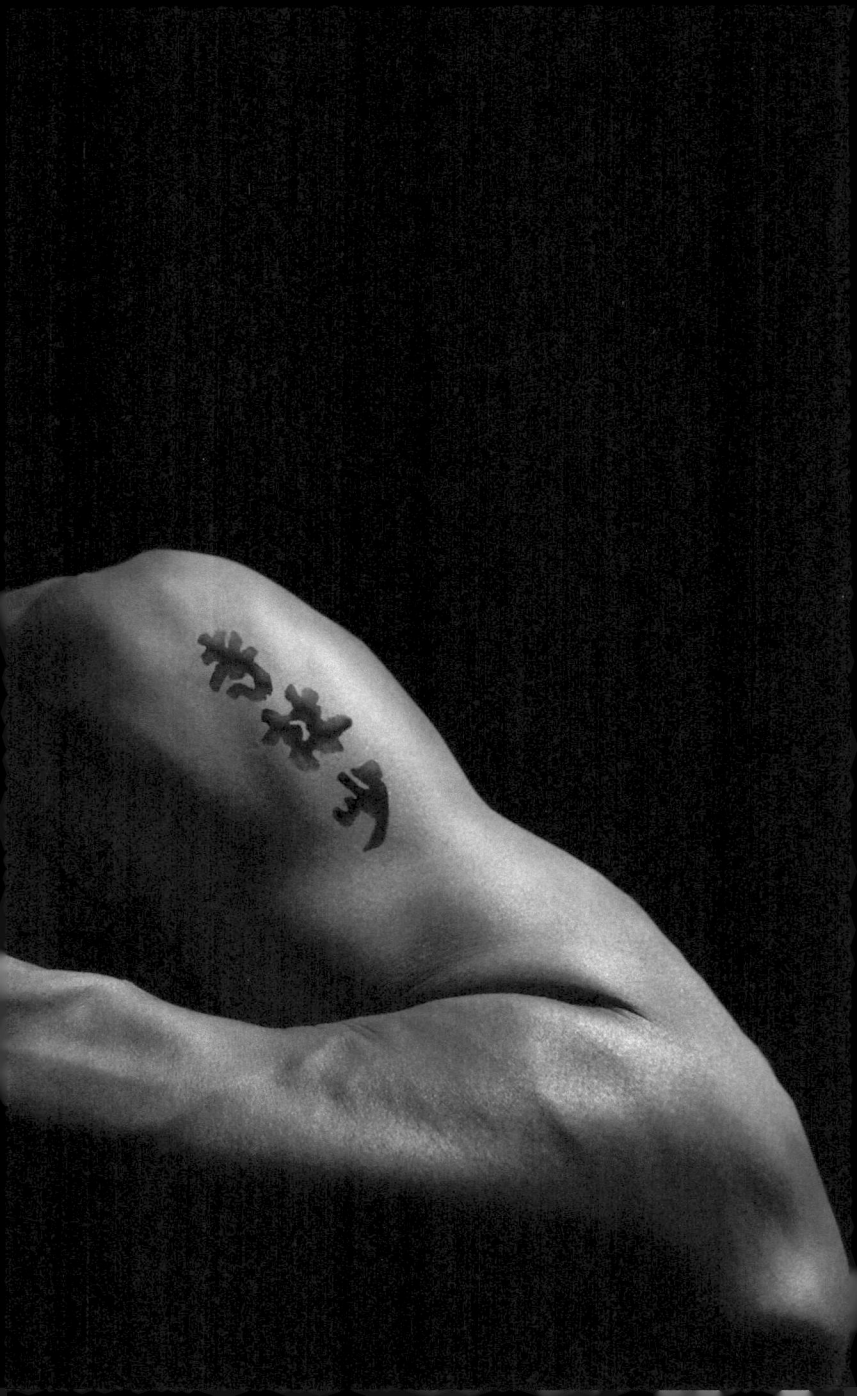

Das Tattoo trage ich seit 30 Jahren.

Es bedeutet

‚Shaolin Tempel'

Als ich es machen ließ wollte ich etwas, was mich jeden Tag an meine Zeit in China erinnert.

Aber wenn ich darüber nachdenke war die Tätowierung schon immer auf meinem Arm, schon vor sie gestochen wurde, meinem Karma folgend.

© Copyright: 2020

Autor: Rainer Deyhle

Satz- & Cover: Sven Beutemann

Korrektorat: Ramon Kleebach

Herstellung und Verlag: BoD – Books on Demand, Norderstedt

ISBN-13: 9783750487895

Bibliografische Information der Deutschen Nationalbibliothek: Die Deutsche Nationalbibliothek verzeichnet diese Publikation in der Deutschen Nationalbibliografie; detaillierte bibliografische Daten sind im Internet über http://dnb.d-nb.de abrufbar.

INHALT

Die Botschaft des Buddhismus, die auch hierher die Erleuchtung bringen soll, ist geprägt von Weisheit und Erkenntnis.

Der Weisheit vom rechten Weg. Ich möchte versuchen, so kurz und verständlich wie möglich, zumindest einen Teil der wesentlichen Inhalte der Lehre Buddhas, des Dharma, hier wiederzugeben.

Jeder, oder doch die meisten von uns, haben schon viel von buddhistischen Auffassungen gehört und einige davon sind in unseren Sprachgebrauch eingegangen. Begriffe wie Karma oder Nirwana. Doch was verbirgt sich dahinter? Nun kann hier schon mit Blick auf die Zeit nicht auf alles eingegangen werden und bei einigen Begriffen möchte ich das auch gar nicht tun. Wollte ich das Nirwana erklären, so wäre es, als wollte ich als Blinder die Farbenlehre erklären.

Ziel des Buddhismus ist die Befreiung vom Leiden durch Erkenntnis. Mitgefühl und Menschlichkeit sind die Eigenschaften, die uns aus dem Kreislauf der ewigen Wiedergeburten entlasten und dies nur mithilfe des eigenen Willens und Verstandes.

Als vor ca. 2500 Jahren Siddhartha Gautama,

BUDDHISMUS
DIE BOTSCHAFT

der historische Buddha (was so viel heißt, wie
der „Erleuchtete"), unter einem Bodhi-Baum die
Erleuchtung fand und sich dadurch von aller
Unwissenheit befreite, zeigte er anschließend allen
Menschen den Weg zu höchstem und dauerhaftem
Glück. Wir beginnen dabei am besten mit den
Kennzeichen des Seins:

Anicca: Alles ist vergänglich!

Dies ist eine unbestreitbare Tatsache, berechnen
uns Wissenschaftler schon das Ende dieses
Planeten und des Sonnensystems, wenn auch erst
in Millionen oder Milliarden von Jahren.

Dukkha: Leben ist Leiden!

**Anatta: Die Lehre von der Ichlosigkeit, des
„Nicht-selbst".**

Aus den Kennzeichen des Seins leiten sich die vier
edlen Wahrheiten ab:
1 Die Wahrheit vom Leiden.

Womit wir wieder bei dem Punkt wären, Leben
ist Leiden. Dies ist eine unbestreitbare, wenn auch
gerne verdrängte Tatsache. Aber nur, weil wir das
Unbequeme nicht wahrhaben wollen, bleibt es
dennoch wahr.

Das unausweichliche Schicksal, das uns
begegnet, ist Geburt, Krankheit, Alter und
Tod. Das entfernt sein von den Menschen und

Dingen, die wir lieben. Das Zusammensein mit solchen, die uns zuwider sind, und das Verlangen nach Unerreichbarem. Die Empfindungen sind unterschiedlich. Leidvoll oder nicht. Aber dennoch ist es unbestreitbar, dass es ein Leben ohne diese Dinge nicht gibt.

Also kann man mit Fug und Recht behaupten, Leben ist Leiden! Nun ist es nicht so, dass es nichts gäbe, was uns glücklich macht oder uns Freude bereitet, nur ist es nicht von Bestand und wahres Glück setzt Beständigkeit voraus. So sehr wir uns auch an etwas erfreuen, so können wir es doch nicht halten, auch wenn wir es noch so sehr versuchen. Es endet. Und da wir in letzter Konsequenz nichts halten können, leiden wir.

2 Die Wahrheit von der Ursache des Leidens.
Hören wir also die erste Wahrheit, drängt sich die Frage auf, was die letzte Ursache des Leidens ist. Was ist der Grund für das Leiden? Nun, die Ursache des Leidens liegt in uns selbst, in unserem Bestreben, unserer Gier, unserem Wollen und unserem Egoismus, der Tatsache, dass wir ständig danach streben, Dinge zu erreichen, die für uns doch unerreichbar sind. Und erreichen wir unsere Ziele, so geschieht dies nicht selten um den Preis, anderen Leid zuzufügen, weil wir sie am Erreichen Ihrer Ziele hindern mussten.

3 Die Wahrheit von der Überwindung des Leidens.

Die Antwort des Buddhas ist klar: Ja, wir können es überwinden. Und zwar durch Überwindung unserer Gier, unseres Begehrens und unseres falschen Strebens.

Durch das Loslösen vom Haften an irgendetwas, dass man frei wird von Wünschen und von Abscheu. Es sind sicherlich nicht alle Wünsche zu verurteilen, aber man sollte stets selbstkritisch prüfen, woher diese Wünsche kommen und was man damit erreichen möchte. Tut man Gutes um seiner selbst Willen, ohne einen Zweck zu verfolgen?

Oder tut man es, nur zum Ansammeln eigener Verdienste und zur Stärkung des eigenen Ich?

Wenn dann letztlich die Unwissenheit über die wahre Wirklichkeit beseitigt ist, wird damit auch die Illusion des Ichs beseitigt.

4 Die Wahrheit vom Weg zur Überwindung des Leidens.

Als Nächstes stellt sich die Frage, wie man dieses Leid überwindet. Wie erreicht man das Ziel, von dem vorher die Rede war?

Nun, der Weg zur Überwindung des Leidens ist der Edle achtfache Pfad des Buddha, auch genannt der mittlere Weg:

Dieser besteht aus:

1 Rechte Erkenntnis.
Bedeutet: Nächstenliebe praktizieren, egoistische
Begierden, Hass und Gewalt aufgeben, Entsagung
und Loslassen.

**2 Rechte Gesinnung oder auch rechter
Entschluss.**
Bedeutet: Das Wesen der Dinge so zu erfassen, wie
sie wirklich sind.

3 Rechtes Reden.
Bedeutet: Zur richtigen Zeit am richtigen Ort
die Wahrheit sagen, ansonsten schweigen.
Man hält sich frei von Lüge, Verleumdung und
Doppelzüngigkeit.

4 Rechtes Handeln oder Verhalten.
Bedeutet: Ein friedliches, gewaltfreies Verhalten.

5 Rechter Lebensunterhalt.
Bedeutet: Sich eine Arbeit zu suchen, mit der man
anderen keinen Schaden zufügt.

6 Rechtes Bemühen oder rechte Anstrengung.

Bedeutet: Unheilsame Gedanken von Anfang an
zu vermeiden. Sofern sie schon da sind, loslassen,
nicht festhalten, also sie überwinden. Heilsame
Gedanken aufkommen zu lassen und zu erfassen,

sie zu entwickeln und zu entfalten.

7 Rechte Achtsamkeit.

Bedeutet: Achtsam zu sein auf den Körper, auf die Empfindungen und Gefühle, auf Geisteszustände und die eigene Gemütsverfassung, auf Ideen und auf die wahre Natur der Dinge.

8 Rechte Meditation.

Bedeutet: Konzentration und Sammlung führt zum Bewusstwerden und zu einer tiefen Gelassenheit, zu Frieden und Andacht.
Diese acht Regeln lassen sich in drei Gruppen unterteilen:

1 Die Regeln zu Erlangung der Weisheit: also rechte Erkenntnis und Gesinnung.

2 Die Regeln zur Erringung der Sittlichkeit: also rechtes Reden, Handeln und Lebensunterhalt und

3 Die Regeln zur Vollendung der Geistesschulung: Rechtes Bemühen, Achtsamkeit und Meditation.

Um noch einmal auf den Punkt des rechten Handelns zurückzukommen, da sich hier sehr deutlich die klare Umsetzung nach außen zeigt:

Rechtes Handeln bedeutet für Laien zumindest:
1 Nicht töten.
2 Nicht stehlen.

3 Nicht lügen.
4 Nicht ehebrechen und keine sexuellen
Ausschweifungen.
5 Keine berauschenden Mittel zu sich nehmen
welche die Sinne benebeln.

Hält man sich an diese Regeln, sammelt man
unter anderem damit positives Karma an. Im
Buddhismus wird davon ausgegangen, dass alles
in Abhängigkeit voneinander entsteht.

So auch unsere Wiedergeburt. Diese folgt dem
Gesetz des Karma (was Handlung oder Wirken
bedeutet). Diesem kosmischen Gesetz oder dieser
übergreifenden Gerechtigkeit kann man nicht
entfliehen. Wie wir wieder geboren werden,
bestimmen wir selbst durch unsere Taten. Durch
schlechtes und falsches Verhalten sammeln wir
negatives Karma an, welches wir abarbeiten
müssen und durch gutes und richtiges Verhalten
sammeln wir positives Karma an, welches uns zur
Befreiung aus dem Kreislauf der Wiedergeburten
verhelfen kann.

Buddhismus lehrt uns also Selbstverantwortung,
er zeigt uns, dass wir für das was wir tun und was
wir nicht tun, ganz allein verantwortlich zeichnen
und wir keinem anderen daran die Schuld geben
können; dass wir die Dinge durch eigene Kraft und
Anstrengung erreichen müssen.

Buddha zeigt uns einen Weg, doch gehen müssen
wir ihn selbst. Damit kann der Buddhismus Werte

vermitteln, die sonst kaum mehr zu finden sind und mit seiner Botschaft Menschen erreichen, die sonst für viele Botschaften schon taub geworden sind.

Er hilft damit heilen, woran unsere Gesellschaft so sehr krankt. Und damit sind wir bei denShaolin gelandet, denn Shaolin erlaubt es, die Lehre praktisch umzusetzen.

Durch die Vereinigung von Chan- bzw. Zen-Buddhismus und Kampfkünsten wird hier künftig eine Jahrtausende alte Philosophie und Wahrheit auf eine Art und Weise gelehrt , die es ermöglicht, auch Menschen die sich sonst nur sehr schwer oder gar nicht für solche Botschaften die Augen öffnen lassen, zu erreichen.

Dabei kommt dem Shaolin Tempel eine besondere Verantwortung zu, da der Zen-Buddhismus von Boddhidharma, dem 28. Patriarchen des Buddhismus und dem 1. Patriarchen des Zen im Shaolin Tempel begründet wurde.

Der Zen-Buddhismus hat also dort nicht nur seine Wurzeln, sondern er fand vom Shaolin Kloster aus auch seine Verbreitung in der ganzen restlichen Welt. Nirgendwo sonst dürfte man dieser Richtung des Buddhismus so rein begegnen, wie im Shaolin Tempel. Zen bzw. Chan bedeutet Versenkung, also rechte Meditation. Dafür ist der Zen-Buddhismus auch hier in Europa vor allem bekannt.

Der Zen, der die Kampfkünste beeinflusst, zeigt, wie wahrscheinlich keine andere Philosophie in seinen Inhalten den wahren Geist des Buddhismus. Bedenkt man seine Herkunft, ist dies nicht verwunderlich.

Und es ist die Tradition, in welcher der Shaolin Tempel steht, und die er in bester Form vermittelt. Diese Vermittlung hoher Werte und Ideale macht Shaolin aus. Zum Abschluss sei mir noch erlaubt zu erwähnen, dass Shaolin nun mehr als 1500 Jahre Geschichte hinter sich hat und dank der Initiative seines Abtes, des ehrwürdigen Großmeisters Shi Yong Xin, und des Einsatzes der Mönche, die weiteren Jahrhunderte, nicht nur in China, sondern überall auf der Welt vor sich hat.

Dies ist sicher auch ein lebendiger Beitrag zur Völkerverständigung.

Getreu dem Vers des Buddhas:

„Meiden aller Übeltat, Erzeugung alles Guten, Sinnes Reinigung."

Das ist des Buddhas stetes Trachten ■

Wir leben in unserem täglichen Leben mit unzähligen anderen Personen zusammen. Freunde und Familie kommen sehr nahe an uns heran.

Als Buddhisten (oder am Buddhismus interessierte Menschen) stellt sich uns oftmals die Frage, wie wir im Alltag mit unseren Lieben umgehen sollen.

Sollen wir nachsichtig sein, oder uns durchsetzen?

Wie bringt man seine Überzeugungen in das tägliche Miteinander ein?

Sollen wir Missstände ansprechen, oder besser totschweigen?

Der Weg des Buddha war der Weg der Mitte, aber auch der Pfad zur Wahrheit.

Was wahr ist darf man sagen, ja, man muss es sagen. Als Buddhist sollte man (immer) die Wahrheit sagen.

Aus Erfahrung weiß ich das Probleme nicht verschwinden wenn man sie "totschweigt".

Aber: immer mit einem gehörigen Maß an Güte.

BUDDHISMUS IN VERBINDUNG MIT FREUNDEN UND DER FAMILIE

Unsere Worte und Taten müssen die Liebe zeigen, die wir für unsere „Lieben" empfinden.

Und immer sollten wir dabei Lösungen aufzeigen, dabei niemals zu sehr bestimmen, immer freundlich aber fest in der Sache bleiben.

Und das Wichtigste ist, das ein buddhistisches Leben in der Bildung eines Vorbilds mündet. Wasser predigen und Wein saufen ist sicherlich der falsche Ansatz.

Zeigen Sie ihrem Umfeld wie Sie aus ihrem buddhistischen Weltbild an Dinge herangehen. Taten sprechen mehr als Worte.

Wenn Sie zu der Auffassung gelangen, dass es Sinn machen kann über die Philosophie des Buddha zu sprechen, dann tun Sie das. Drängen Sie aber niemanden die Lehre auf.

Finden Sie die notwendige und wichtige Zeit um sich um ihre Lieben zu kümmern, die Dinge zusammen zu tun die allen Beteiligten wichtig sind.
Gehen Sie auf Bedürfnisse und Vorlieben ein, auf Neigungen und Wünsche.

Und denken Sie daran:

Was wahr ist muss man sagen! ■

Als Buddhisten stellt sich uns oftmals die Frage, wie wir im Alltag mit unseren Lieben umgehen sollen.

Chan wurde vom indischen Mönch Bodhidharma (Damo) ca. 500 nach Christus im Song Shan Shaolin Tempel begründet. Unter dem japanischen Begriff Zen ist Chan im Westen bekannt geworden.

Der meditierende Buddha als Skulptur oder Bildnis wird heute häufig mit Chan gleichgesetzt.

Die Philosophie des Bodhidharma baute auf den Lehren Buddhas auf.

Auch lehnte Bodhidharma die nach dem Ableben des Buddha etablierte Verehrung von Statuen und Bildnissen ab.

Nach Damo ist das zentrale Element der Lehre des historischen Buddha die anzustrebende Erleuchtung, die durch Meditation und Reflexion zu erreichen sei. Das Studium von Schriften jeder Art lehnte Damo ab.

Die Weitergabe des Buddhismus solle ausschließlich „persönlich" erfolgen (heute Dharma-Gespräch genannt). Dabei unterrichtet ein Meister seine Schüler nicht über den Inhalt von Schriften, sondern leitet in Gesprächen die Anhänger durch das Wiederholen der

WAS MACHT DEN CHAN-BUDDHISMUS AUS?

Kernaussagen direkt an.

Ein wichtiges Element hierbei stellt nach Damo die Meditation dar, bei der sich die Schüler in eine Form der geistigen Leere vertiefen, um Platz für die wahre Lehre des Buddha zu schaffen.

Meditation (noch dazu im Lotussitz) ist für den durchschnittlichen Europäer jedoch mehr als schwierig, da im Westen die Tradition am Boden im Schneidersitz zu essen, zu trinken und Gespräche zu führen mehr oder weniger nicht existiert. Alleine um den Schneidersitz ruhig und entspannt zu halten brauchen „Westler" meist Jahre der Übung, während Asiaten diese Sitzposition aus früher Jugend gewohnt sind. Um also Erleuchtung zu finden müssten Europäer erst einmal über lange Zeit „das Sitzen" erlernen, um dann weitere Jahre Meditation zu üben.

Ziel sollte nach Damo die Einheit des Geistes mit der Buddha-Natur sein, die sich nur im Dasein (Da-Sein, hier sein) erreichen lasse.

Nach dieser Auffassung ist jeder Mensch Buddha, nur das die Erkenntnis "verschüttet" wurde und erst wieder zu entdecken ist.

Aus der Chan-Kultur des Damo entwickelten sich zwei verschiedene Schulen, die nördliche und die südliche Auffassung. Hier setzte sich die Süd-Lehre durch, die Erleuchtung als ein „auf einen zukommendes Ereignis" versteht, während der

Norden hauptsächlich auf Meditation aufbaute.

Der wohl wichtigste Vertreter der Chan-Lehre war
Huineng, ein Nachfolger des Damo.
Betrachtet man die Lebensgeschichte des Buddha,
so kommt man doch ins Grübeln.
Der indische Prinz verließ seinen Palast um den
"Sinn des Lebens" zu finden. Dabei traf er mehrere
bedeutende Meister, die seine Ansichten prägten
und ihm eine gewisse Richtung vorgaben.

Über viele Jahre meditierte Buddha jedoch ohne
die Erleuchtung zu erfahren. Halb verhungert
und über Monate in einer Art Trance-Zustand
befindlich hatte er sein Ziel eigentlich schon
aufgegeben, als eine Frau ihm eine Schale
Reissuppe reichte.

Völlig erschöpft ließ sich Buddha an einem
Bach nieder, als die Erleuchtung ihn wie ein
Blitz traf. Diese Erleuchtung fand Buddha als er
vollkommen losgelassen hatte, die Erleuchtung
kam zu ihm, nicht er fand sie.
Darauf basiert seine Lehre, jeder Mensch ist
Buddha (ein Erleuchteter), nur ist die Kenntnis
über das Buddhawesen in uns verschüttet und
bedarf geweckt zu werden.

Und wie können jetzt wir erleuchtet werden?
Wenn uns schon die Meditation so schwer fällt.
Und was ist mit den Menschen, die körperliche
Defizite haben und schon deshalb nicht meditieren
können?

Sicherlich ist Meditation ein guter Weg, um sich auf den Weg zur Erleuchtung zu begeben. Wenn wir Erleuchtung erfahren wollen, müssen wir nur für dieses Ziel wirklich offen sein, uns darauf konditionieren, ständig danach streben, unseren Möglichkeiten entsprechend.

Es gibt keinen allgemein gültigen Weg, aber das ständige Forschen nach Erleuchtung wird uns in diesen Zustand bringen.

Und auf dem Weg dorthin, zur Erleuchtung, werden wir immer ruhiger, immer gelassener, das Leben wird einfacher weil wir um die Endlichkeit aller Menschen und Dinge wissen, die Wertigkeiten verschieben sich. Hier ist der Weg das Ziel, schon auf dem Pfad zur Erleuchtung erfahren wir wundervolle Begebenheiten.

Warum hat der junge Prinz aus Indien so riesige Fußabdrücke auf dieser Welt hinterlassen?

Nicht weil er so wichtige Schriften hinterlassen hat. Auch nicht weil er ein Gott war, er hat nie behauptet auch nur etwas ähnliches zu sein.

Er ist in das Bewusstsein der Welt getreten (und dort geblieben) weil er Erleuchtung erfahren hat, und diese an Schüler weiter vermittelte. Erst später haben „Gelehrte" diese Idee schriftlich festgehalten und immer weiter verändert.

Das Streben nach Erleuchtung ist das zentrale

Element des Buddhismus und kann durch das Studium von Schriften, durch das Zitieren von Sutren oder das Singen buddhistischer Lieder begünstigt, aber meist nicht erreicht werden.

Nur durch das Öffnen des Geistes für die Leere der unendlichen Formen kann Erleuchtung schlussendlich erfahren werden.

Die wenigen erleuchteten Menschen die ich kenne, berichten mir, dass sie im Moment der Erleuchtung eine Einheit mit Buddha und allen Lebewesen erfahren haben. ∎

„Tue was du willst, aber nicht weil du musst."
– Buddha –
Eine neue Welle schwappt über die Welt, die Klimawelle.

Angetrieben von missionarischem Eifer kommen neue Denkverbote in Mode. Vordenker dieser Bewegung sind die sog. „grünen" Parteien mit der unfehlbaren Gretel als Zugpferd.

Immer extremistischere Ansichten von Personen, die von ihrer Position uneingeschränkt überzeugt sind, wollen anderen Menschen ihre Meinung aufzwingen, über die Klimathematik als Totschlagargument alle Lebensbereiche kontrollieren.

Als heilige Kuh wird der „Klimakonsens" in der Wissenschaft benannt. Der letzte Konsens in der Wissenschaft, der mir bekannt ist, war, dass die Erde eine Scheibe sei. Seitdem war sich die Wissenschaft wohl bei gar nichts mehr einig. Häufig werde ich gefragt, was ich von dieser ganzen Sache halte.

Generell ist diese Erde und unsere Umwelt vorbehaltlos zu schützen.

BUDDHISMUS UND DIE KLIMAWELLE

Doch kann es weder sein, dass es „Denkverbote"
gibt, noch dass eine Seite hier für sich proklamiert,
ihre Meinung sei die einzig richtige und daher
müsse die andere Seite schweigen.
Der edle achtfache Pfad des Buddha hat in seinen
Leitsätzen:

Rechte Erkenntnis,
Rechte Gesinnung oder auch rechter Entschluss,
Rechtes Reden,
Rechtes Handeln und Verhalten.

Doch was ist die rechte Erkenntnis, was der rechte
Entschluss, das rechte Reden und das rechte
Verhalten?
Die Problematik der Umweltverschmutzung ist
bekannt, Flüsse verschmutzen, Tiere sterben,
Menschen leiden. Dies zu erkennen ist nicht
schwer.

Aber ein Klimawandel, von Menschen gemacht?
Das ist doch wohl etwas hoch gegriffen. Haben wir
Menschen die Macht diese Erde so nachhaltig zu
verändern, dass sich sogar das Klima wandelt? Ich
glaube nicht.

Ich bin bald 60 Jahre auf dieser Welt, es gab schon
immer heiße Sommer und kalte Winter. Vor ca.
40 Jahren (am 8. 8. 1975) brachte die Bildzeitung
in der Titelstory: 40 Grad Hitze – Jetzt wird das
Wetter lebensgefährlich –.

An diesen Sommer kann ich mich gut erinnern:

In Schweiß gebadet stand ich auf einem Traktor, wir machten am Bauernhof unser Stroh. Es war so warm.

Meine Erkenntnis ist: das Klima hat sich nicht verändert.

Was ist daraus mein rechter Entschluss: wir müssen viel sorgsamer mit der Erde umgehen, z. B. sollten Produkte ohne Plastikverpackung ohne Mehrwertsteuer verkauft werden, aber Verbote lehne ich ab. Anreize ja, Bevormundung nein. Daraus entspringt mein rechtes Reden: ich werde den Klima-Savonarolas (ital. Mönch im 15. Jahrhundert) nicht nach dem Mund reden, ich verachte Menschen die andere Menschen unterdrücken wollen, egal aus welchen Beweggründen.

Besonders bedrückt mich dieses hassergüllte Kind, deren Jugend wir ja zerstört hätten. Instrumentalisiert von wem auch immer. Und meine rechtes Handeln basiert ebenfalls auf meiner rechten Erkenntnis und meinem rechten Entschluss: ich verweigere mich allen Themen, bei denen ich das Gefühl habe dass ich instrumentalisiert werden soll.

Gerne verzichte ich freiwillig auf Plastik wo ich kann, gerne schalte ich Licht und Heizung nur ein wenn es wirklich notwendig ist, aber ich lasse mir nicht von ungebildeten Menschen die Welt erklären.■

Der Zimmermann bearbeitet das Holz.

Der Schütze krümmt den Bogen.

Der Weise formt sich selbst.

– Buddha –

Immer wieder höre ich Fragen wie etwa: „darf man als Buddhist dies oder das?"

Meine Antwort ist immer: Als Buddhist darf man alles!

Wenn man an das Karma, glaubt steht sowieso schon alles geschrieben.

Es steht geschrieben, ob ich morgen einen Unfall verursache und dabei ein Mensch stirbt. Alles steht geschrieben, egal wie wir uns bemühen, unser Schicksal kommt genau wie es kommen soll auf uns zu.

Die Lehrsätze von Buddha sagen uns wie wir uns grundsätzlich verhalten sollen, das ist unbestreitbar. Aber bin ich ein schlechter Buddhist, nur weil ich mich manchmal nicht daran halte? Oder weil ich mich bemühe, ernsthaft versuche ein guter Mensch zu sein, aber

DARF MAN ALS BUDDHIST YOGA MACHEN?

manchmal daran scheitere?

Die Antwort ist NEIN!

Buddha hat gelehrt nicht zu beurteilen, nicht zu richten. Auch nicht über mich selbst.

In anderen Glaubenslehren gibt es Priester, die den Anhängern sagen was sie tun sollen. Meine Mutter sagt immer:

„das Konzept von Gott finde ich toll, nur stört mich sein Personal".

Im Buddhismus geht es um das Streben nach Erleuchtung, nach der ganz individuellen Form der höchsten Erkenntnis. Und diesen Zustand müssen wir alleine erreichen, ein Lehrer kann uns den Weg zeigen, gehen müssen wir ihn selber.

Als Buddhist hat man ein gutes inneres Gefühl was man tun sollte, was man machen darf. Und kleine Rückschläge im Leben gehören bei der Reise hin zur Erleuchtung dazu.

Man sollte dann auch keine Schuld empfinden, nur es bei der nächsten Gelegenheit besser machen, damit ist schon viel erreicht.

Buddhismus ist nicht schuldbehaftet, der Weg zum Ziel ist die Reise, und bei dieser Reise geht es darum die Schönheit des Weges zu würdigen, nicht gleich Erfolg und Perfektion einzufordern.

Und sich selbst nicht für Fehler zu hassen.

Wenn mein Körper Yoga machen möchte, dann
gehört dieses Empfinden zu mir, ich muss diesem
nachgehen um es zu spüren, zu erleben.

Ich mache jeden Tag fast eine Stunde Yoga, und
ich empfinde unendliches Glück dabei.

So wie ich die Worte des Buddha verstanden habe,
gibt es kein Gut und kein Schlecht, keine Form und
keine Leere.

Also gibt es auch kein Yoga! ■

Wenn du ein Problem hast, versuche es zu lösen. Kannst du es nicht lösen, dann mache kein Problem daraus.
– Buddha –

Wir alle haben Probleme, wir denken über die Probleme nach, unser Leben ist voll von Problemen.

Was wir dabei suchen sind Antworten und Lösungen für unsere Probleme.

Aber meist finden wir keine Antworten, weil schon das nächste „Problem" unser Gehirn beschäftigt.

Was wir also lernen müssen, ist ein Problem nach dem anderen zu lösen. Oder wie Buddha sagte, dieses Problem dann nicht mehr als Problem zu betrachten, wenn wir es nicht lösen können.

Aber wie löst man ein Problem, was ist die Antwort auf die Frage die mich so sehr beschäftigt.

Ehrlich gesagt ist die Lösung eines jeden Problems ganz einfach, liegt doch schon die Antwort auf eine Frage in der Frage selbst.

Wie wir eine Frage in unserem Geist stellen, alleine darin liegt schon die Antwort!

BUDDHISMUS UND PROBLEME

Zum Beispiel die Frage: „liebt sie mich?" zeigt mir, dass sie mich nicht so liebt, wie ich es mir wünsche, sonst käme die Frage nicht in mir auf.

Also - ganz einfach- die Frage enthält schon die Antwort.

Und immer ein Problem nach dem anderen.

Zwingen Sie sich, dieses Problem zu lösen und sich dann erst um die nächste Frage (innerlich) zu kümmern. Eins nach dem Anderen!

Die Antwort ist immer schon in der Frage.

Die Lösung kommt nicht von außerhalb, sondern von innen.

Die Antwort ist nicht von Buddha, die Antwort ist schon in unserem Inneren. ■

Wir alle haben Probleme, wir denken über die Probleme nach, unser Leben ist voll von Problemen.

er kennt es nicht, das Verlangen?

Stellt Euch vor, ihr wollt etwas wirklich haben. Ich habe einen Bekannten, der will immer das neueste iPhone.

Schon bei der Präsentation ist er ganz hingerissen und sobald er kann, bestellt er es sich nach Hause.

Sein Verlangen ist erst einmal gestillt. Bis das Telefon bei ihm ankommt verlangt er nicht mehr danach, jetzt freut er sich darauf. Er weiß ja, dass er nun ein iPhone besitzt, er muss es nicht mehr begehren.

Doch was ist mit dem Verlangen, mit diesem Gefühl? Woher kommt es, und was passiert, wenn ich den Gegenstand besitze, wohin geht das Verlangen?
Verlangen muss schließlich irgendwie entstehen.

Warum will er nun dieses Telefon und kein anderes?

Die einfache Antwort ist, dass das Verlangen in uns schon war, bevor das Telefon überhaupt auf den Markt kam (nämlich schon immer), und wenn es befriedigt ist, dann bleibt es in uns, ähnlich

DAS
VERLANGEN

einem kleinen innerlichen Giftzwerg, der an uns nagt, wenn die Zeit reif dafür ist.

Und das Verlangen bleibt in uns wenn der momentane Wunsch erfüllt wurde, bis zum nächsten Mal, wenn sich der Giftzwerg wieder bemerkbar machen kann.

Und der Giftzwerg, der sind wir selbst, unser Ego will das neue Telefon und produziert das Verlangen.

Das Ego bestimmt das Verlangen, plappert mit seinen Gedanken in unserem Kopf herum und meldet sich immer und immer wieder.

Und das Ego wendet sich nach gestilltem Verlangen dem nächsten Gedanken zu.

Bis der Giftzwerg wieder auftaucht.

Und dieser Giftzwerg kann statt dem Telefon bei einer anderen Person auch etwas ganz anderes verlangen, Drogen, Alkohol oder Geld, Macht oder Sex oder was auch immer.

Also sollten wir uns hinterfragen, woher dieses spezielle Verlangen kommt und wie weit wir dieses Verlangen ertragen können.

■

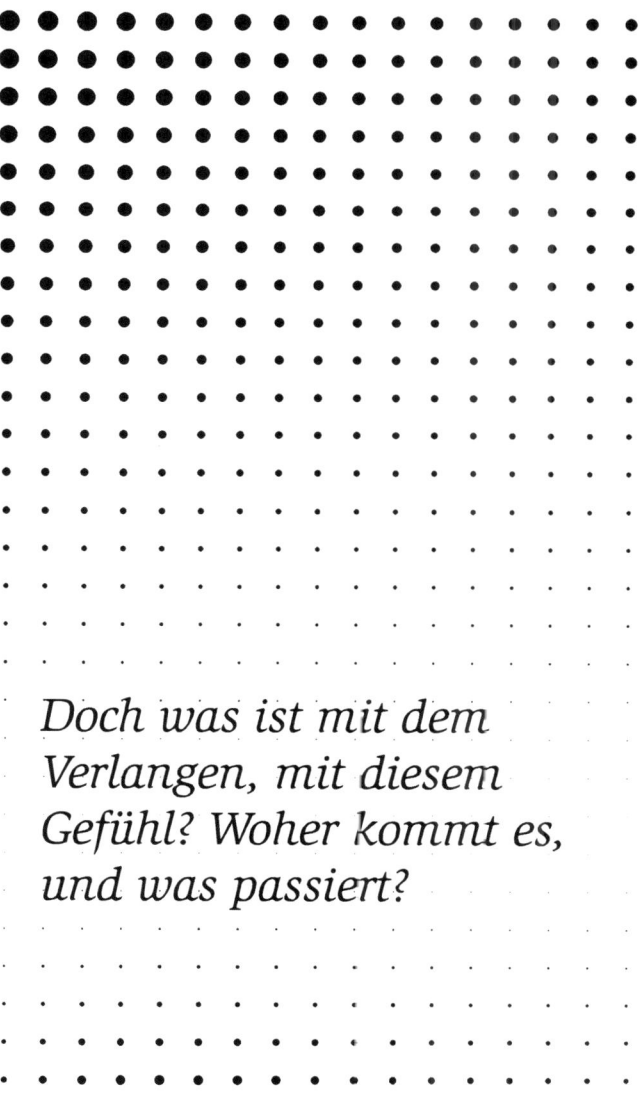

Doch was ist mit dem Verlangen, mit diesem Gefühl? Woher kommt es, und was passiert?

E

ine andere Form des Yoga und der Meditation.

Unter Niederwerfungen versteht man eine Bewegung, die mit dem Stehen in aufrechter Position beginnt, dann geht der Praktizierende langsam in die Knie, legt diese (auf einem Kissen) ab, streckt die Hände nach vorne, der Rücken macht einen „Katzenbuckel", die Handflächen drehen sich nach oben, der Kopf liegt nun am Boden auf.

Von einem Band (oder Lehrer) kommt das Klapp-Geräusch eines speziellen Bambusstocks, der in der Mitte ausgehöhlt wurde, um genau dieses Geräusch zu erzeugen. Klapp und nach unten, Klapp und nach oben, 108 mal.

Warum 108?

Der Zahl 108 wird im Buddhismus eine große Relevanz zugesprochen.

Sie repräsentiert die Ganzheit der Existenz, die Entfernung zwischen Sonne und Mond ist 108 mal der Durchmesser der Sonne.

Buddhistische Malas (Gebetsketten) haben 108 Perlen.

108
NIEDERWERFUNGEN

Im Sanskrit ist 108 die "Harshad"-Nummer, der „Glücksbringer".

Im Buddhismus stellt die 108 die 108 Gefühle dar. Die sechs Sinne (Sehen, Riechen, Tasten, Hören und das Bewusstsein)

- mal drei schöne, schmerzhafte und neutrale Gefühle
- mal zwei innerlich und äußerlich erzeugt Gefühle
- mal drei vergangene, gegenwärtige und zukünftige Gefühle.

Also 36 vergangene, gegenwärtige und zukünftige Gefühle ergeben 108.

Die Tibeter haben 108 heilige Bücher.

Im Islam bezieht sich die Zahl 108 auf Gott.

In der Bibel sind häufig wichtige Worte genau 108 mal erwähnt.

Im Taoismus hat einer der wichtigsten Stile 108 Positionen.

Diese 108 Niederwerfungen sind in Buddhistischen Tempeln Asiens Tradition. In manchen Tempeln Chinas und Asiens gibt es sogar Mönche, die täglich 1080 oder gar 3240 Niederwerfungen machen.

Bei den Niederwerfungen wirft man sich vor den Buddha-Skulpturen im Sinn des Wortes „nieder", man macht sich klein und nimmt sich damit nicht mehr als „gar so wichtig" wahr.

Nachdem bekanntlich jeder von uns Buddha ist, die Buddha-Natur also in sich trägt, wirft sich der Teilnehmer damit vor sich selbst nieder und nicht vor den Skulpturen.

Diese sind nur ein Symbol, eine Metapher.

Die 108 Niederwerfungen haben auch eine gesundheitspflegende Komponente. Es handelt sich hier um eine Basis Qi Gong Form.

Die Blutzirkulation wird angeregt durch diese für den menschlichen Körper doch sehr ungewohnte Übung. Ein „Berühren" des Bodens mit dem Kopf bringt vermehrt Blut in diesen so wichtigen Körperteil des Menschen.

Beim anschließenden wieder Aufrichten geht das Blut wieder zurück, bei der nächsten Niederwerfungen geht das Blut wieder in den Kopf, ein steter Kreislauf.

Dabei wird die Blutzirkulation im oberen Körper stärker angeregt wie bei vergleichbaren Herzkreislauf Übungen. ∎

*Solang Du nach dem Glücke jagst,
bist Du nicht reif zum glücklich sein,
und würde alles Liebste Dein.*
– Hermann Hesse –

Die Suche nach Glück ist ein natürliches
Streben jedes Menschen.

Aber Jeder hat eine andere Vorstellung
von Glück, seine eigenen Wünsche.

Wer sich mit Buddhismus beschäftigt hat meist
schon eine gänzlich andere Vorstellung von Glück
als viele andere Menschen.

Aber was ist Glück?

Eine goldene Uhr?

Ein neues Haus oder Auto?

Eine neue Liebschaft?

Hermann Hesse, Chan-Mönche aus Korea,
Bodhidharma und Buddha, diese großen Vordenker
sagen uns, dass Glück oder Unglück nicht durch
Umstände auf uns zukommt, sondern von
"unserem Herz" gemacht werden, von unserem
Inneren.

GLÜCK UND BUDDHISMUS

Niemand kann mich glücklich oder traurig machen, nur ich selbst mache dieses Gefühl, es steigt aus meinem Ego auf.

Wenn ich z. B. unglücklich verliebt bin und den Mond betrachte, werde ich noch trauriger.

Macht also der Mond mich trauriger?

Nein, ich selbst mache das, dass Unglücklichsein kommt aus mir.

Wenn ich aber glücklich verliebt bin und so den Mond betrachte, werde ich noch glücklicher.

Macht also der Mond mich glücklich? Nein, ich selbst mache das, dass Glücklichsein kommt aus mir.

Also abhängig von meinem Blickwinkel können mich Dinge, Umstände oder Menschen emotional beeinflussen.

Was also, wenn ich meinen Blickwinkel ändere, ganz so wie der Buddha es machte? ■

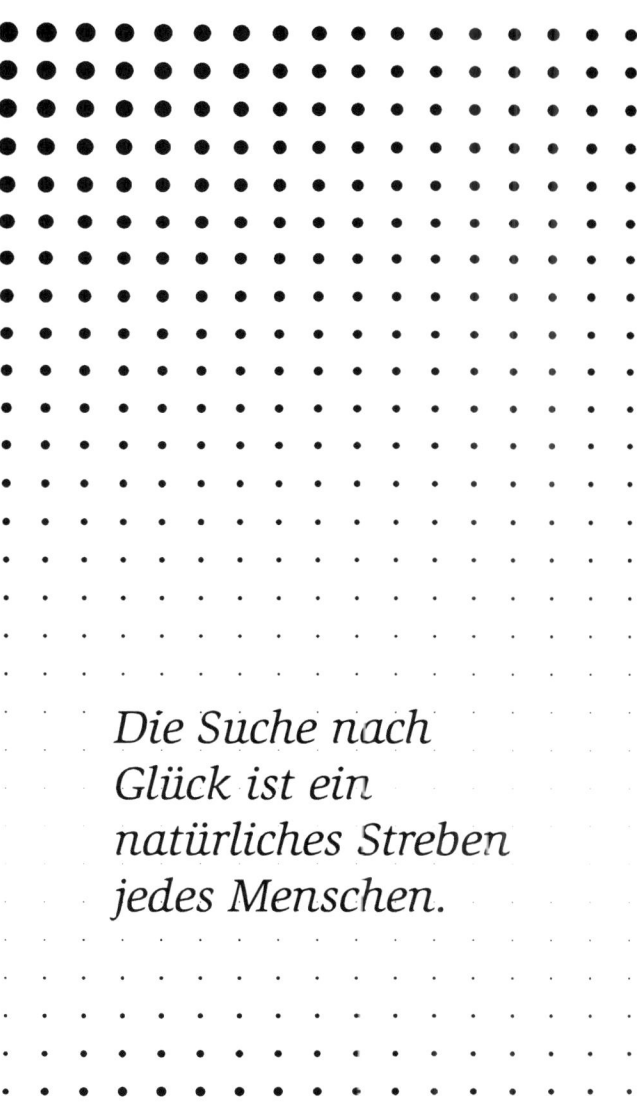

Die Suche nach Glück ist ein natürliches Streben jedes Menschen.

W

as bringt der Buddhismus den Menschen im Westen?

In vielen Haushalten im Westen findet sich ein Buddha, eine Statue, ein Gemälde.

Selbst beim bekannten Möbeldiscounter aus Schweden finden sich in fast jedem Ensemble ein Abbild des indischen Prinzen.

Wenn ich die Menschen frage, was sie mit dem Bildnis des Buddhas verbinden, kommt meist die Antwort: Friede, Ruhe, Ausgeglichenheit.

Tieferes Wissen über die Lebensgeschichte oder die Taten und das Wirken des Erleuchteten sind dabei nicht vorhanden, auch gar nicht wirklich wichtig. Schon der Geburtsname des Buddhas ist meist unbekannt.

Was also verbinden so viele Menschen im Westen mit der Statue in ihrem Wohnzimmer?

Schon alleine der Anblick des friedlich meditierenden Buddha bringt vielen Menschen etwas positives in ihr tägliches Leben.

Der Buddha zeigt uns so eine andere Welt, nicht

DER SCHALTER IST IN UNS!

hektisch, sondern in sich ruhend, im Inneren konzentriert, vom Unbill der Welt verschont.

In der heutigen Zeit haben wir die Bindung zum Göttlichen verloren, der Anblick des Buddha kann uns einen neuen Weg zeigen.

Ich würde behaupten, dass jeder Mensch, der sich vom Abbild Buddhas angezogen fühlt, auch ein Interesse am Buddhismus in sich spürt.

Doch wie können wir über die Lehre des Buddha mehr erfahren?

Buddhas Lehre beinhaltet als Kernaussage das Erreichen der Erleuchtung.

Dabei ist die erste und zentrale Frage, die wir uns stellen müssen, ob dieses Ziel auch für uns interessant ist, ob wir uns damit beschäftigen wollen.

Wenn wir diese Frage bejahen, dann ergeben sich die weiteren Stationen für uns wie von selbst. Erleuchtung ist wirklich für jeden von uns möglich.

Jeder von uns hat ein Haus oder eine Wohnung, aber wo ist der Schalter?

Der Schalter ist in uns! ■

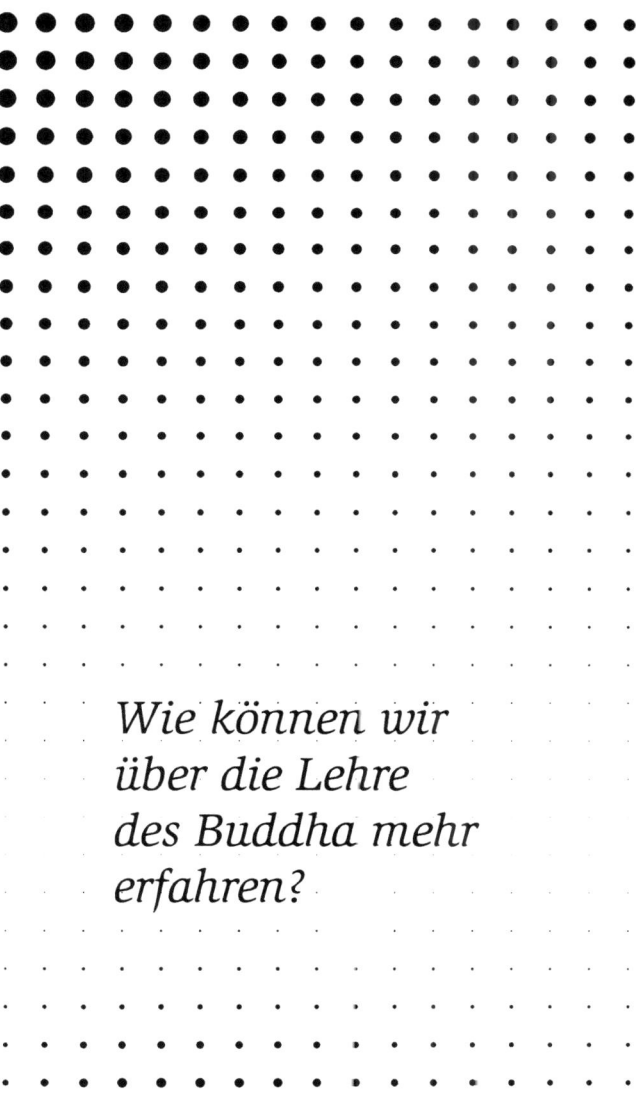

Wie können wir über die Lehre des Buddha mehr erfahren?

B

uddhismus mit Himmel und Hölle.

Aus der westlichen Kultur denken wir in Kategorien wie "Himmel" und "Hölle". Das Essen war himmlisch, leben mit meiner Frau ist die reine Hölle, oder der Himmel auf Erden.

Wir wissen über die Bedeutung von „Himmel" und "Hölle" genau Bescheid.

Was bedeutet aber "Himmel" und „Hölle" für einen Buddhisten?

Aus buddhistischer Sicht gibt es weder „Himmel" noch „Hölle", denn dies setzt ja bereits ein "Denken" voraus, eine Einteilung der Dinge in „gut" oder „schlecht", in "böse" und "richtig".

Als Buddhist sollte man die Dinge betrachten, aber nicht bewerten.

Das Ego trifft für uns die Entscheidungen, aber der Weg des Buddha war es, das Ego zum Schweigen zu bringen, nicht mehr die ganze Zeit das vor sich hinplappernde Ego ertragen zu müssen.

Und nicht zu werten, sondern Dinge und Menschen so zu akzeptieren wie sie sind, im Jetzt

NIRWANA IST FÜR ALLE DA

und im Hier zu leben.

Das Nirwana ist der Zustand des Nichts, das
Denken und das Werten sind zu Ende, des
plappernde Ego ist verstummt, es gibt kein Ich
mehr, nichts existiert.

Ich bin dann im Nirwana, wenn ich keine
Wünsche mehr habe, keine Grenzen mehr fühle.
Das Nirwana ist "Himmel" und „Hölle" im selben
Land, im selben Geist.

Es kommt auf die Betrachtungsweise an, auf den
Blickwinkel.

Wenn man also nicht in Kategorien wie „Himmel"
und „Hölle" denkt, sondern nur „annimmt", dann
ist man im Nirwana!

Wir haben das Nirwana in uns! Finden wir es?

■

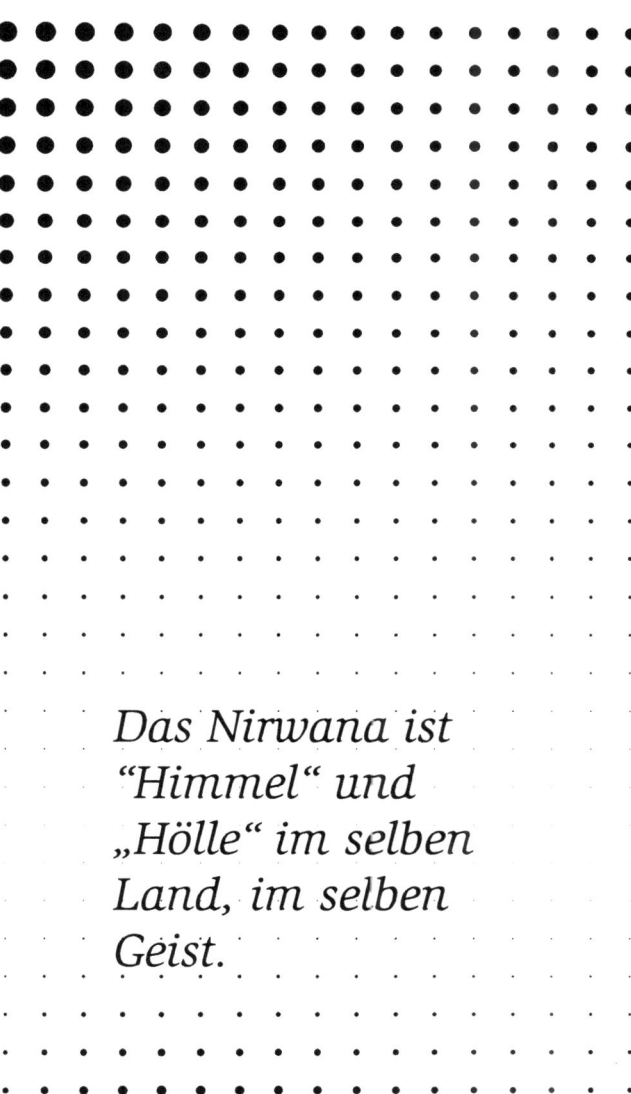

Das Nirwana ist "Himmel" und „Hölle" im selben Land, im selben Geist.

Was wäre, wenn mich meine Frau nicht verlassen hätte, und hätte ich doch nur nicht gekündigt, hätte ich doch nur gestern nicht so viel Bier getrunken!

Hätte, hätte, hätte! Aus buddhistischer Sicht sind solche Gedanken schlicht und einfach Blödsinn.

Es kommt immer so, wie es kommen muss, das Schicksal ist vorherbestimmt, was-wäre-wenn-Gedanken kommen niemals zu einem Ergebnis.

Hätte ich diese Abzweigung nehmen sollen, oder doch eine andere Richtung einschlagen müssen?

Hätte ich dies und jenes nicht gesagt, wäre der Streit mit meinem Sohn nicht eskaliert?

Wir müssen im Hier und Jetzt leben, die Vergangenheit ist bereits vergangen, die Zukunft ist ungewiss, egal wie wir uns eine kommende Situation ausmalen, so wird diese Situation sowieso nicht passieren.

„Wir sind, was wir denken. Alles, was wir sind, entsteht aus unseren Gedanken. Mit unseren Gedanken formen wir die Welt."

HÄTTE, HÄTTE, HÄTTE, BITTE KEINE FAHRRADKETTE.

„Verweile nicht in der Vergangenheit, träume nicht von der Zukunft."
– Buddha –

Unsere Gedanken entsprechen dem „hätte, hätte, hätte".

Und im Nachhinein gesehen, hat es denn jemals etwas gebracht, das „hätte, hätte, hätte"?

Da sollten wir ganz ehrlich zu uns sein, uns nicht selbst belügen.

Nichts hat es gebracht. Diese Hätte-hätte-hätte-Gedanken waren immer nutzlos.

Lebensziel des Buddha war es, Erleuchtung zu erfahren.

Und ein großer Schritt auf dem Weg zur Erleuchtung ist es, dieses „Hätte, hätte, hätte" aus unseren Gedanken zu verbannen, im Hier und Jetzt zu leben und unsere vor sich hinplappernden Gedanken zum Schweigen zu bringen, diesen ‚Aha-Moment' zu erleben wenn wir das Denken (Hätte, hätte, hätte), das unser Ego produziert, wenigstens manchmal abschalten können.

Buddha hat die Erleuchtung erfahren, und ich kenne Menschen denen dies ebenfalls gelang.

Buddha sagte, dass alle Menschen die Erleuchtung in sich tragen, diese aber "verschüttet" wurde, aber neu entdeckt werden kann.

Ich weiß, dass das die Wahrheit ist! Die einzige Wahrheit, neben der andere Dinge ganz einfach nur verblassen.

■

Gerade ist das Netz voller Meinungen über den Papst.

Eine „Gläubige" hat ihn an der Hand zu sich gezogen, der Papst hat ihr auf die Hand geklatscht.

Jetzt stellt sich allerdings die Frage, warum die Aufregung so groß ist. Wie muss er denn sein, der Papst?

Darf er keine menschlichen Reaktionen zeigen?

Muss er den Vorstellungen entsprechen, die wir von einem Papst haben, von einem „Stellvertreter Gottes"?

Und warum darf er nicht ungehalten reagieren?

Immerhin ist er ein älterer Herr, und die Frau hat ihn egoistisch „in Anspruch" genommen.

Aber ob ihr oder sein Verhalten richtig oder falsch sind und waren, darum soll es hier nicht gehen. Ich schreibe hier über die Vorstellungen, die wir vom Papst haben, oder auch von Buddha.

Wie hat oder hatte er zu sein, was ist unsere Erwartungshaltung, und was passiert wenn unsere Erwartung dann nicht erfüllt wird?

BUDDHISMUS UND DER PAPST

In der Vorstellung der westlichen Welt ist Buddha ein friedlicher, meditierender Mann, der Weisheit und Güte ausstrahlt (bis heute), keine bösen Dinge tat, die Sorgen und Nöte der gesamten Menschheit auf sich nahm.

Aber auch Buddha war ein normaler Mann, er war verheiratet, hatte ein Kind, unsere Vorstellungen über ihn sind wahrscheinlich häufig falsch.

Seine größte Errungenschaft war das Erreichen der Erleuchtung, den Zustand des Erwachens.

Diese Erleuchtung macht Buddha bis heute zum Vorbild für uns, seine Handlungen und Reden erklären das Erwachen, aber unsere Vorstellungen machen aus dem Buddha einen Gott.

Der Buddha sagte ausdrücklich, dass er nicht angebetet werden wollte.

Er war aber ein normaler Mann (allerdings mit Erleuchtung), unsere Vorstellungen führen uns also häufig in die Irre.

Genau so verhält es sich mit dem Papst, unsere Erwartungen an den Mann sind vielleicht zu hoch, zu sehr in der Illusion, ein Heiliger ist er nicht und muss er auch nicht sein. ■

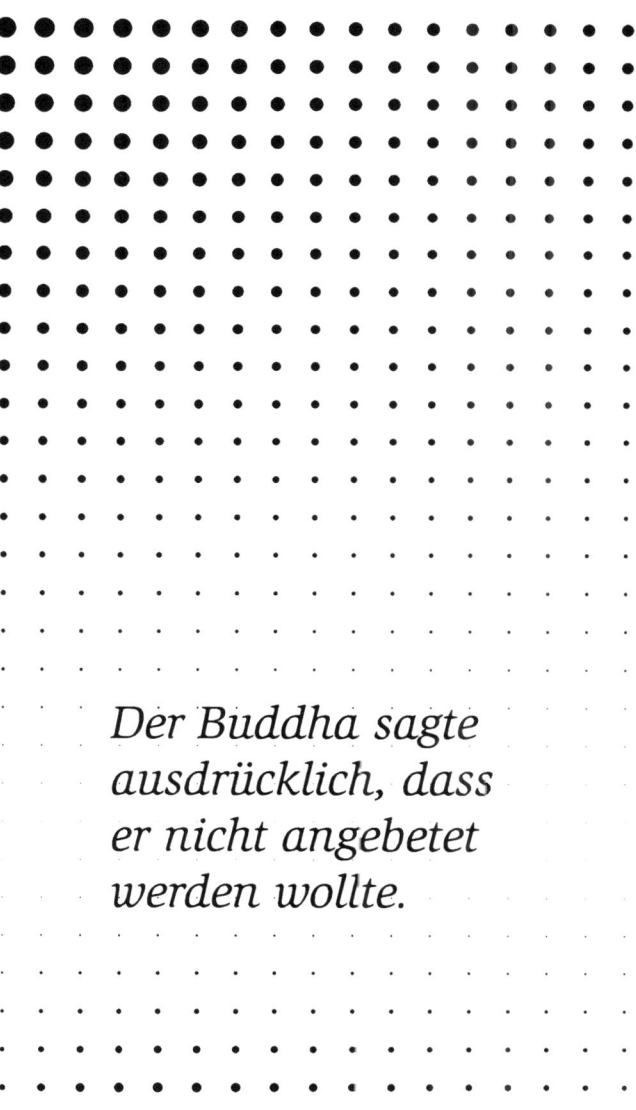

Der Buddha sagte ausdrücklich, dass er nicht angebetet werden wollte.

Wir wissen wie sehr Drogen (Zigaretten, Alkohol, Rauschmittel) unserem Körper schaden, ihn verletzen, uns schaden, uns sogar oft lächerlich machen.

Wenn wir versuchen die Süchte einzuschränken oder abzustellen scheitern wir häufig, weil unser Körper (und/oder Geist) süchtig ist, in etwa wie der Advokat des Teufels. So kommen wir meist zu unseren schlechten Angewohnheiten zurück, die Sucht hat uns fest im Griff.

Um die Sucht zu bekämpfen, müssen wir für eine gewisse Zeit zu uns kommen, uns beruhigen und zentrieren.

Das kann eine Form der Meditation sein, eine andere Art des Trainings, eine Arbeit an uns und unserem Körper (und Geist).

Also ist das Wichtige bei der Bekämpfung einer Sucht das Jetzt, der Moment der überwunden werden muss, in fünf Minuten kann die Sache schon wieder ganz anders aussehen.

Bei der Erleuchtung verhält es sich ähnlich, so weit müssen wir zu uns kommen, uns beruhigen und zentrieren. Wir müssen nicht für immer zu

BUDDHISMUS UND DIE SÜCHTE

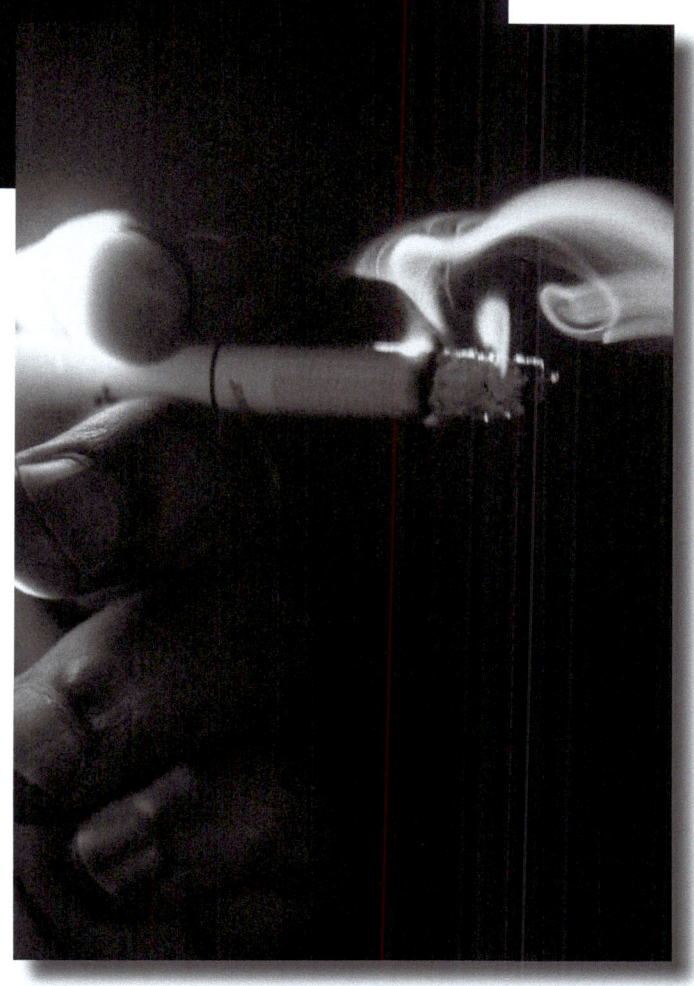

uns kommen, nur in diesem Moment, im Jetzt und Hier, später ist später.

Ein Wunder kann mit einer kleinen Idee starten, eine andere Weltanschauung kann aus einem kurzen Moment entstehen, ganze Kontinente werden durch Gedanken verändert, so kann auch ein kurzer Gedanke helfen die Sucht für immer zu "kappen", oder für immer zu „behalten".

Alles hängt an unserem Denken, wenn wir denken, dass das "mit dem Rauchen aufhören" so schwer sei, dann wird es nicht passieren, wenn wir denken dass wir ja auch in fünf Sekunden den Entschluss damit anzufangen getroffen haben, dann, ja dann können wir auch in fünf Sekunden beschließen damit wieder aufzuhören.

Sogar ein riesiger Baum entstand aus einem kleinen Samen, so just do it! ■

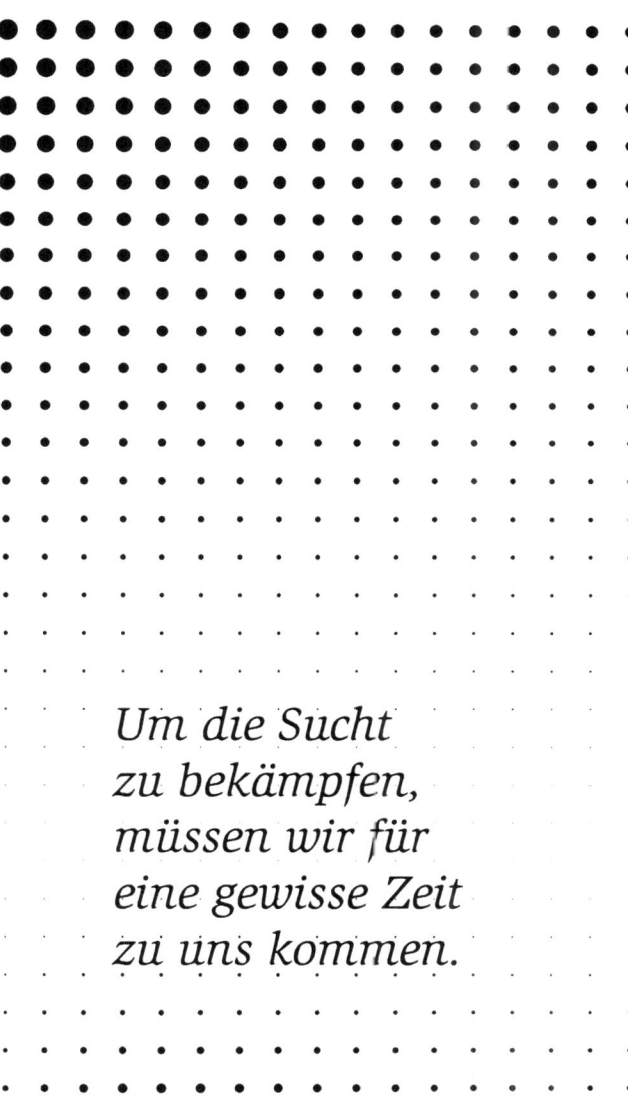

*Um die Sucht
zu bekämpfen,
müssen wir für
eine gewisse Zeit
zu uns kommen.*

Was uns bei der Erleuchtung im Wege steht ist das eigene Ego.

Ständig plappert es vor sich hin, dieses und jenes geht uns durch den Kopf, das Ego malt uns alle möglichen Situationen aus.

Grundsätzlich gibt es zwei Arten von Gedanken, gute und schlechte nämlich. Gute Gedanken schießen uns durch den Kopf, wenn wir etwas zu erledigen haben, wir einen Plan machen müssen, wie die Abfolge unserer Handlungen denn sein sollte.

Schlechte Gedanken treten anders auf.

Ständig springen wir „gedanklich" von einem Thema zum nächsten.

Betrügt meine Freundin mich?

Nimmt mein Sohn Drogen?

Mache ich alles richtig?

Keine dieser Gedanken sind oder waren jemals zielführend, wie die Situation später dann wirklich war konnten wir uns nicht einmal ansatzweise ausmalen, nur nutzlose Gedanken haben wir uns

BUDDHISMUS UND DAS EGO

gemacht, uns sinnlos belastet, das Ego stand uns (wie immer) im Weg, hat uns geschadet.

Wenn wir Erleuchtung suchen, sollten wir uns mit dem Ego auseinandersetzen, es genau betrachten und immer häufiger unter Kontrolle halten. Denn das Ego füttert uns mit schlechten Gedanken.

Nur wer das Ego unter Kontrolle halten kann, der wird wenigstens in die Nähe von Erleuchtung kommen. Hier sind sicherlich noch weitere Schritte, Prozesse und Übergänge nötig, der richtige Weg beginnt aber auch nur mit einem kleinen Schritt.

Beobachten Sie ihre Gedanken, gehen Sie jedem einzelnen Gedankengang nach, prüfen Sie ihn auf Sinnhaftigkeit. Und wenn der Gedanke keinen Sinn ergab, dann stecken Sie ihn in eine spezielle (mentale) Schublade.

Wenn dieser Gedanke (oder ein ähnlicher) wieder in ihrem Gedankenpalast auftaucht, dann schieben Sie ihn sofort weg, in besagte Schublade.

Im Laufe der Zeit werden Sie immer mehr Übung darin erlangen die Gedanken zu prüfen und einzuordnen.

Gehen Sie nur den Gedanken nach die etwas bringen, hätte-hätte-hätte oder wenn-wenn-wenn bringt nichts und kann weg. ■

*Das Ego malt uns
alle möglichen
Situationen aus.*

Auch Buddhisten können hassen.

Wer nicht hasst, kann auch nicht lieben, Hass und Liebe sind nur die zwei Seiten einer Münze.

Aber woher kommen diese starken Gefühle, wie können wir sie steuern, kontrollieren, für uns nutzbar machen.

Hass ist ein Urgefühl.

Er entsteht hauptsächlich gegenüber Menschen. Aber auch Dinge können wir hassen, ich hasse "Weihnachten", ich hasse "rote Grütze".

Viele Menschen empfinden Hass gegenüber Hunden oder Katzen, selbst gegen Worte spüren einige Hass.

Besonders aktuell sind Hassrede im Internet, Hass gegen anders denkende Personen, Verachtung und Abscheu paaren sich mit aggressiven Gedanken.

Meist gibt es einen Auslöser für Hass, etwa eine Situation in der Vergangenheit, oftmals ist uns aber gar nicht mehr bewusst, warum wir hassen (oder nicht mögen).

Wenn wir eine derart tiefe Emotion wie Hass

BUDDHISMUS UND DER HASS

empfinden lohnt es sich meist, diesem Gefühl nachzuforschen.

Begeben Sie sich in eine solche Hasssituation und versuchen Sie, die Beweggründe in der Tiefe ihres Ichs aufzuspüren.

Analysieren Sie für sich selbst die Umstände, die zu diesem Gefühl führen, welche Begleiterscheinungen sind dabei wichtig, in welcher Umgebung tritt das Gefühl auf, können Sie eine Verbindung zu anderen Umständen erspüren?

Und was ist wenn Sie dem Hass nachgeben würden? Gehen Sie diesen Gedanken in einer Art Spiel einmal nach, versuchen Sie klar für sich herauszufinden an was diese Emotion gekoppelt ist, welche Umstände das Gefühl verbessern.

Als Buddhist sollte man sich darüber klar sein, dass man hassen kann so wie jeder andere Mensch auch. Nur sollte man mit dem Hass umgehen können, ihn steuern, leiten und egalisieren.

Wer seinen Hass „im Griff" hat ist auf dem Weg zur Erleuchtung wieder einen Schritt weiter gekommen. ∎

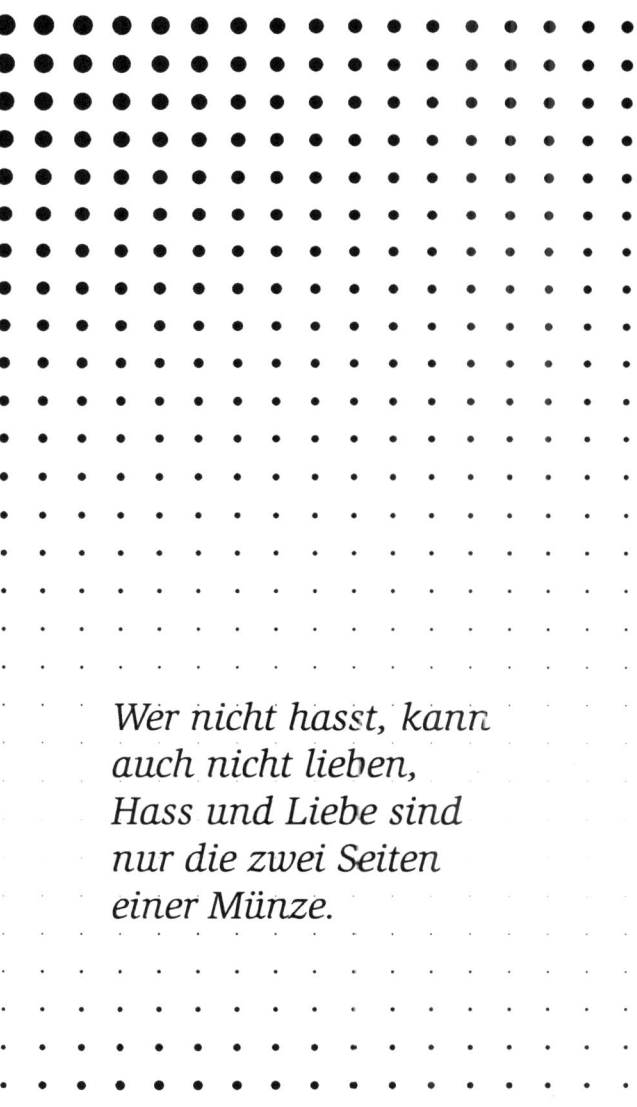

*Wer nicht hasst, kann
auch nicht lieben,
Hass und Liebe sind
nur die zwei Seiten
einer Münze.*

W as ist der zentrale Punkt im Buddhismus?

Wie in allen Religionen gibt es unzählige Verhaltensregeln im Buddhismus. Einige gehen auf den historischen Buddha zurück, andere wurden später von Mönchen oder Gelehrten verfasst.

Nach meiner Auffassung ist Buddhismus aber keine Religion, sondern eine Philosophie.

Und der zentrale Punkt in der Philosophie des Buddha ist das Streben nach Erleuchtung, das Finden des eigenen Ichs unter der meist verschütteten Persönlichkeit.

Anders als bei den Weltreligionen steht im Buddhismus dieses wichtige, zentrale Element (die Erleuchtung) absolut im Vordergrund, die Regeln (auch die von Buddha persönlich verfassten) stellen nur Bausteine auf dem Weg zum Erwachen dar.

Warum wurde der indische Prinz Siddhartha Gautama so bekannt, was macht ihn (und seine Lehre) nur so anders als die Lehren der „Religionsstifter"?

Seine friedlich meditierende Statue steht in jedem

ERLEUCHTUNG – DER ZENTRALE PUNKT

zweiten Haushalt, seine Bilder verkaufen sich blendend, aber was wissen die Menschen im Westen von ihm?

Wenig ist bekannt, schlicht und einfach. Das Bild eines meditierenden Buddha stimmt die Menschen einfach friedvoll, Buddhismus wurde als eine Art „Zweitreligion" angenommen.

Für die Menschen, die ein Interesse an der Weltanschauung des historischen Buddha haben, ist es an der Zeit, das zentrale Element aus seiner Lehre zu betrachten.

– Erleuchtung –

Was ist das, wie funktioniert das, wie kann man sich damit beschäftigen?

Erleuchtung ist der „Aha-Moment", der winzige Augenblick, in dem man die Welt, das Universum und sich selbst versteht. Es ist kein „Paukenschlag", kein "Feuerwerk", keine „Party".

Und es funktioniert einfach, es ist kein nur dem historischen Buddha vorbehaltenes Ereignis.

Buddha sagte, dass in jedem Menschen, Tier oder Lebewesen die Erleuchtung schon liegt, sie müsse nur gefunden werden. Und das ist zu 100 % richtig.

Die Erleuchtung liegt in uns, wir müssen sie nur für uns entdecken.

Dies können wir erreichen, in dem wir uns intensiv mit dem Thema Erleuchtung beschäftigen, Erleuchtung als eine(n) gute(n) Freund(in) sehen, so wie unsere große Liebe betrachten, an die wir immer und gerne denken, häufig und intensiv.

Indem wir uns frei machen für die Suche nach Erleuchtung, und zwar in uns, nicht außerhalb, keine Person wird sie uns geben, der Buddha war ein Führer, ein spiritueller Reiseleiter, er sagte wir sollen nicht zu ihm beten, sondern nach der Erleuchtung „suchen".

■

Der rechte Lebenserwerb steht auch im Buddhismus im Fokus der Lebensführung.

Doch was ist rechter Lebenserwerb?

Ich kenne Menschen, die haben viel Geld geerbt.

Seitdem haben sie nicht mehr gearbeitet und sind über alle Maßen gelangweilt, beschäftigen sich mit Nebensächlichkeiten, gehen „shoppen", vergeuden ihr Geld für Luxus, Amüsement, Alkohol und Drogen. Sie sind meist schlecht gelaunt, haben keinen Antrieb und definieren sich nur über materielle Dinge.

Dann kenne ich andere Menschen, die (trotzdem sie fleißig arbeiten) nie wirklich Geld haben, aber immer gut gelaunt sind, stolz in ihre Arbeit legen, pflichtbewusst und genau sind.

Generell ist zu sagen, dass rechter Lebenserwerb aus einer Einkunftsquelle stammen muss, die nicht auf dem Nachteil oder der Unterdrückung anderer Menschen oder Lebewesen basiert.

In der heutigen Zeit ist es allerdings sehr schwer genau abzugrenzen, was anderen Menschen oder Lebewesen schadet und was nicht.

DER RECHTE LEBENSERWERB?

Der Metzger, der am laufenden Band Tiere schlachtet, um damit die Menschheit mit Essen zu versorgen, schadet er anderen Lebewesen, oder führt er nur die Arbeit der Allgemeinheit aus?

Die Prostituierte, die ihre Zeit für ihre Kunden gibt, wird diese von den Kunden ausgenutzt, oder etwa nicht? Kann es sein, dass sie ihre Arbeit sogar gerne macht, damit ihr Kunde sie gar nicht ausnutzen kann?

Der Rechtsanwalt, der schuldige Straftäter verteidigt und einen Freispruch erwirkt, schadet er den Menschen?

Der Politiker, der Dinge tut, nur um wiedergewählt zu werden, was ist mit ihm?

Meine Meinung ist, dass jeder Mensch für sich selbst am besten weiß, was er tut, welche Konsequenzen seine Handlungen für andere Menschen und Lebewesen haben.

Jeder sollte selbst seine Arbeit bewerten, sich fair eingestehen was er tut, welche Konsequenzen seine Handlungen haben.

Als Buddhist sollte man sich darüber klar werden, dass es kein Schwarz und Weiß geben kann, auch nicht bei unserer Arbeit, alles ist Grau.

Nur gut gibt es nicht, auch nur schlecht ist nicht möglich.

Aber wenn man Bilanz über sein Tun zieht, dann sollte die gute Seite überwiegen, man versucht „hauptsächlich" Gutes zu tun.

Und Arbeit gehört zum Leben, ohne Arbeit wird es schnell langweilig, eine sinnvolle Beschäftigung ist sehr wichtig, hält einen „über Wasser".

Seit frühesten Zeiten beten die Menschen zu den verschiedensten Göttern.

In den Höhlen unserer Ahnen finden sich Götzenstatuen, Figurinen und religiöse Devotionalien.

Immer ging es darum, zu einem „Gott" zu sprechen. Beten war immer schon das reden mit einer "höheren Instanz".

Und im Laufe der wechselvollen Geschichte gab es tausende von Göttern, oftmals wiederholt sich die Gottheit jedoch, sind sich die Charaktere und Eigenschaften wenigstens ähnlich.

Oftmals standen sich Heere in Kriegen gegenüber, die jeweiligen Priester haben für den Sieg ihrer Partei gebetet.

Götter kamen und Götter gingen, ganz nach dem Zeitgeist und dem Geschmack der Menschen.

Man kann auch zu einem Fischkopf beten, wenn man nur daran glaubt.

Der Buddhismus unterscheidet sich hier vollkommen.

BUDDHISMUS UND DIE GÖTTER

Es geht nicht um die Suche nach einem Heilsbringer, einer Figur von Außen, sondern nach Buddha liegt die Lösung in uns, im Streben nach Erleuchtung.

Kein Gott, keine Person, niemand kann uns diesen Zustand bringen, nur wir selbst können danach suchen, in uns, nicht außerhalb.

Vom historischen Buddha scheint dieses Zitat zu stammen:

Welchen Sinn hat es, zu Göttern zu beten? Ist es nicht töricht zu glauben, dass ein anderer uns Glückseligkeit oder Elend verschaffen kann?

■

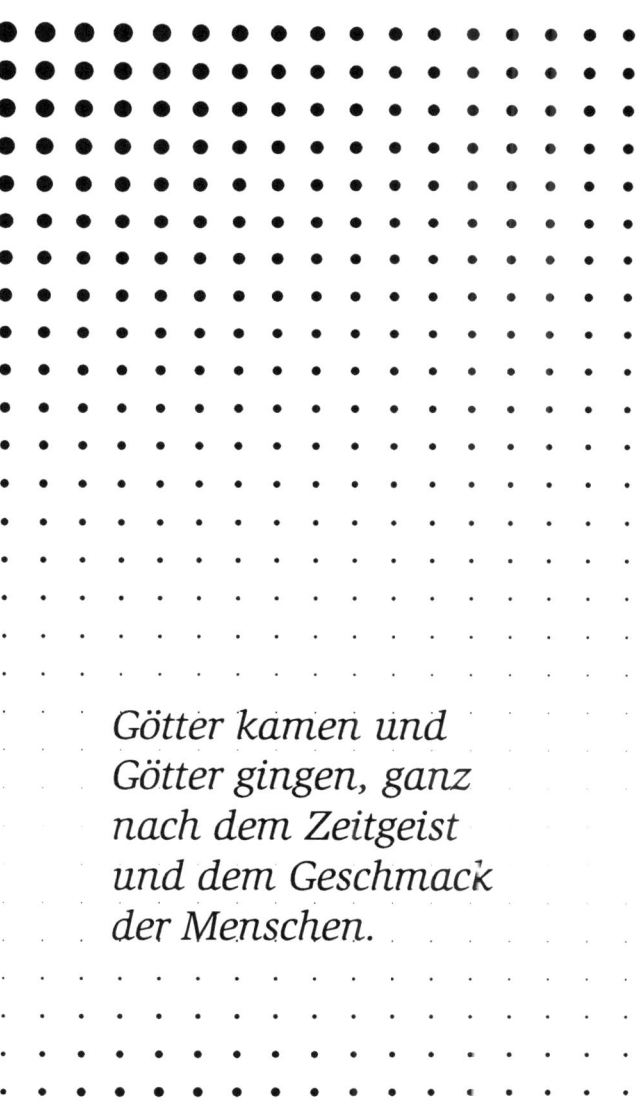

*Götter kamen und
Götter gingen, ganz
nach dem Zeitgeist
und dem Geschmack
der Menschen.*

D

arf ein Buddhist auch Fleisch oder Fisch essen?

Buddha erklärte, dass alle Lebewesen zu schützen, fleischlose Speisen zu bevorzugen sind.

Aber Buddha hatte keine modernen Fleischfabriken in seiner Vorstellung, die sog. „moderne Ernährung" mit Hamburgern an jeder Ecke, Döner in jeder Unterführung, Fleisch, Fleisch Fleisch, das war zu Zeiten des historischen Buddhas sicherlich eine reine Utopie.

Wie kann man sich als Anhänger der buddhistischen Philosophie in der westlichen Welt heute ernähren? Ohne Fleisch oder Fleischprodukte gibt es so gut wie nirgends etwas zu essen.

Wer etwa eine Reise unternimmt kann sich kaum vegetarisch ernähren.

Als Shaolin darf man dann Fleisch konsumieren, wenn man trainiert, Kampfmönche der Shaolin sind von der Pflicht vegetarisch zu leben ausgenommen.

Ich persönlich esse Fleisch und Fisch, bin aber sehr aufmerksam welche Qualität ich zu mir

BUDDHISMUS UND ERNÄHRUNG

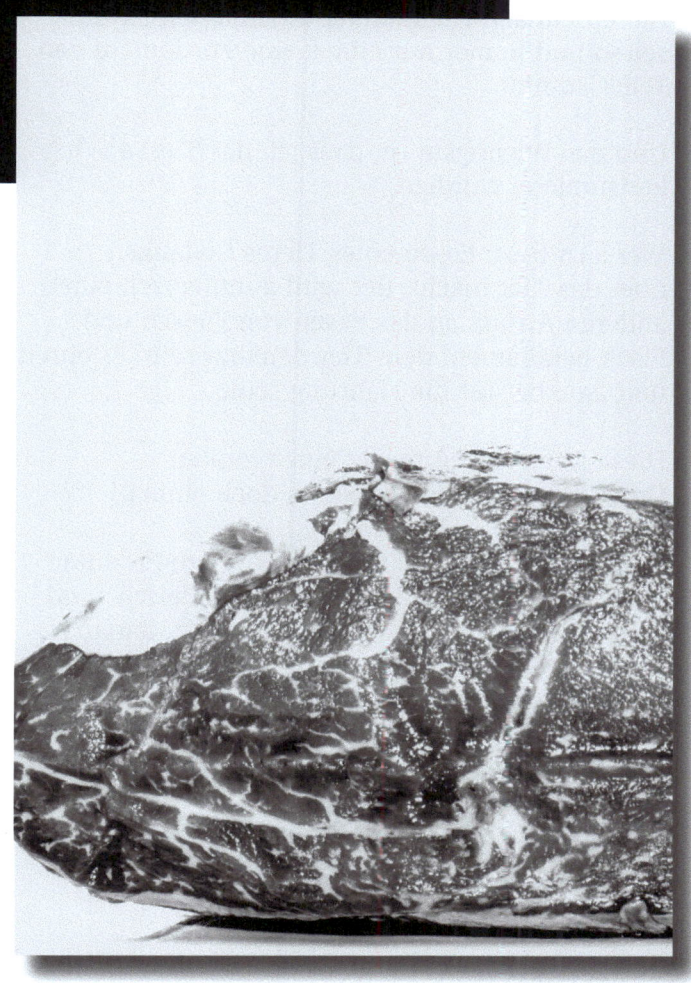

nehme, und achte auf den korrekten Umgang, d. h. es sollte kein Stück verschwendet oder weggeworfen werden, die artgerechte Tierhaltung ist ein wichtiges Thema für mich.

Außerdem achte ich darauf dass Fleisch „nur" selten und immer nur eine kleine Portion auf den Teller kommt.

Und das Wichtigste ist, dass ich das Tier, das ich konsumiere, würdige.

Wer sich beim Essen eines Tieres Gedanken über das Tier macht, der wird automatisch einen anderen Ansatz an das Essen von Fleisch und Fisch bekommen, dem Tier dankbar sein, es ehren und dankbar für die Nahrung sein.

Diese Dankbarkeit macht einen großen Unterschied, versuchen Sie es doch einmal!

Geben Sie mehr Geld für die tierischen Produkte aus, die Sie konsumieren, essen Sie Fleisch (und Fisch) bewusster, in kleineren Mengen, dankbar und bedacht. ■

*Dankbarkeit macht
einen großen
Unterschied*

Die Menschen haben die Angewohnheit, sich ständig über die Anderen zu beschweren, ich hab immer recht, die Anderen liegen falsch.

Was aber, wenn alle Menschen recht haben, nicht nur ich?

Wenn ich mein Denken so verändere, dass ich auch die anderen und ihre Gefühle in meinem Umfeld (und darüber hinaus) beachte. Vielleicht haben sie ja (von ihrem Standpunkt aus) auch recht.

Der Hund bellt, das ist seine Aufgabe.

Kinder weinen, Mütter haben immer etwas anzumerken. Das ist die Natur, wenn man das nicht akzeptiert, kann man keinen Frieden mit der Familie, mit dem Umfeld machen.

Wir sollten uns also in den Blickwinkel der anderen Menschen setzen bevor wir urteilen, vielleicht auch die Position des Anderen betrachten, seine Sorgen und Nöte in unser Weltbild einbeziehen.

Wenn ich also mich ständig über Andere beschwere, gegen dies und jenes bin, dann wird mein Leben nicht schön sein, ich werde immer

ÄNDERE DIE WORTE – ODER ÄNDERE DICH SELBST

gegen die Anderen ankämpfen, anstatt den Weg des Buddha wenigstens zu versuchen.

Der Weg des Buddha ist der mittlere Weg, ausgleichend und gerecht, auch den Standpunkt der anderen würdigend, auf Ausgleich bedacht.

Versuchen Sie es doch einmal.

Auch dieses Verhalten kann auf dem Weg zur Erleuchtung ein wichtiger Baustein sein.

Ich sage nicht, dass wir uns alles bieten lassen müssen, manchmal können wir ganz von selbst dagegen reden.

Wir müssen uns nicht alles „Quak Quak Quak" gefallen lassen, was wahr ist darf man sagen.

Wenn es manchmal genug ist und ich das „Quak Quak Quak" nicht mehr hören kann, dann ist auch meine Pflicht eine Grenze zu ziehen.

Daher: ich habe recht – aber alle Anderen haben eben auch recht!

■

*Der Hund bellt,
das ist seine
Aufgabe.*

103

B
uddha hatte einen Sohn, Rahula.

Vor seinem Erwachen lebte Siddhartha Gautama als Sohn einer adligen Familie in Nordindien.

Sein Vater wollte ihn als Nachfolger erziehen, weshalb er ihn im Palast abschirmte und ihn dort "halten" wollte.

Zu diesem Zweck soll er seinem Sohn das Leben „so angenehm wie möglich" gestaltet und auch etliche   hübsche junge Frauen zugeführt haben.

Dies war zu jener Zeit durchaus üblich in adligen Kreisen. Daher erscheint es auch im Falle Buddhas als plausibel.

Auch soll den Legenden nach der Vater des Buddha bereits damals befürchtet haben, dass sein Sohn ein Mönch werden könnte (Brahma), weshalb seine Familie ihm besondere Aufmerksamkeit der Frauen zuteil werden ließ.

Als der historische Buddha dann aber auf seinen Ausflügen außerhalb des Palastes mit der Realität des Lebens konfrontiert wurde, erkannte er die Sinnlosigkeit seines bisherigen Handelns.

Mit ca. 29 Lebensjahren verließ dann der Buddha

DARF EIN BUDDHIST SEX HABEN?

seine Familie und wurde zuerst zum Asket, später übte er sich konzentriert in der Meditation.

Zu jener Zeit (bis zu seinem Erwachen mit 35 Jahren) erscheinen sexuelle Kontakte zum anderen Geschlecht als absolut unwahrscheinlich.

Nach seinem Erwachen lehrte Buddha ca. 45 Jahre lang sowohl Männer als auch Frauen.

Klar ist aber, dass der Buddha die Gesetze der Sangha als eine buddhistische Mönchsgemeinschaft entworfen hat.

Mönchen war der intime Kontakt zum anderen Geschlecht untersagt.

Anders aber als für Mönche wurde den Laien ein solcher Kontakt aber nicht untersagt.

Es stellt sich daher die Frage, ob es Buddhisten (Laien) erlaubt ist, auch außerhalb der Ehe sexuelle Beziehungen zu unterhalten?

Meiner Meinung nach ja!

Jedoch sollte ein Buddhist die Auswirkungen seines Tuns jederzeit beachten, daher sollte gelten: Kein Ehebrechen und keine sexuellen Ausschweifungen.

Die Sexualität ist uns gegeben, sie ist nichts weshalb wir uns schämen müssten. ∎

Die Sexualität ist uns gegeben, sie ist nichts weshalb wir uns schämen müssten.

Ein wahrer Buddhist kann nur ein Realist sein!

Es gibt die verschiedensten Menschen mit den unterschiedlichsten Ansichten.

Eine Gruppe sieht die Welt so wie sie in ihrer Vorstellung sein sollte, die Träumer.

Eine andere Gruppe sieht alles ziemlich schwarz und düster, die Melancholiker.

Wieder andere Menschen sehen die Welt abartig und schräg, die Perversen.

Auch gibt es Menschen, die alles durch einen Nebel aus Alkohol und/oder Drogen sehen, die Betäubten.

Wieder andere Menschen sehen alles auf der Welt als spaßig an, die Lustigen.

Andere wollen immer nur helfen, die "Mutter-Theresa-Typen".

Eine andere Gruppe sieht die Welt aus einer Position des Anführers, die Leader.

In unserer heutigen, völlig verstörten Welt, sehen die wenigsten Menschen die Welt aber so wie sie

BIST DU EIN REALIST?

wirklich ist, realistisch.

Buddha mahnte uns, rechte Erkenntnis als Basis unseres Handelns zu nehmen, darauf rechtes Reden, Handeln und Verhalten folgen zu lassen.

Einfach gesagt, ein Realist zu sein, die Dinge nicht so hinbiegen zu wollen wie sie unseren speziellen Ansichten zupass kommen, sondern so, wie sie wirklich sind, zu akzeptieren.

Daher meine Frage:

Bist Du ein Realist?

Kannst Du für nur einen Tag versuchen, alle deine Ansichten, Entscheidungen und Handlungen auf Realität überprüfen?

■

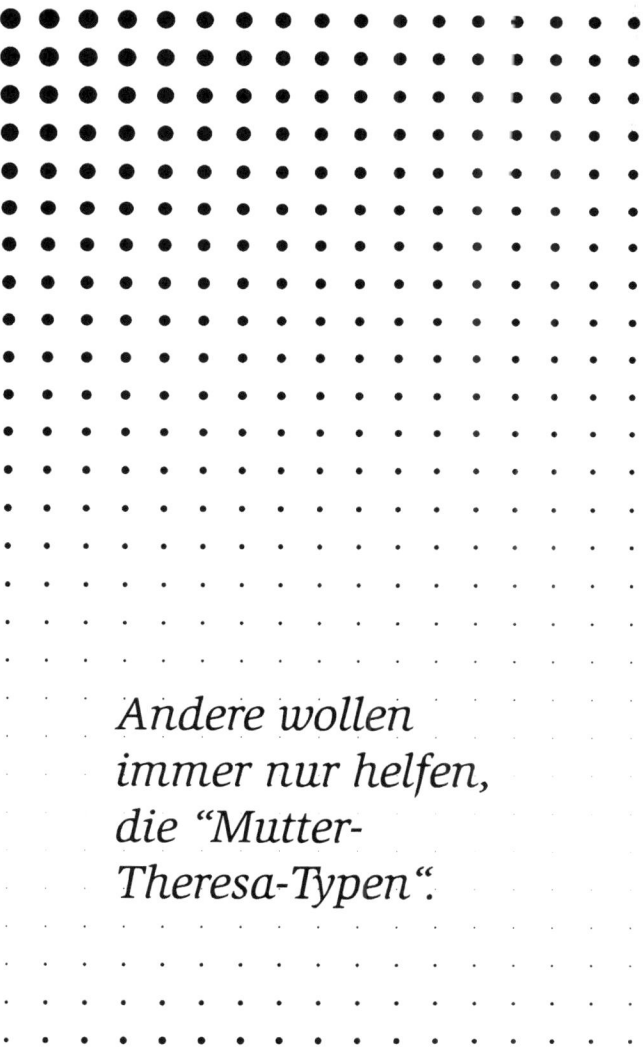

*Andere wollen
immer nur helfen,
die "Mutter-
Theresa-Typen".*

V

iele Buddhisten leben nach genauen Regeln.

Buddhisten sollen kein Fleisch essen, keinen Sex haben, sollen dies tun, jenes lassen, so und so beten, Regeln über Regeln.

Das Studium von Sutras, die Auslegung von Worten, das genaue Meditieren steht im Mittelpunkt vieler buddhistischen Richtungen.

Aber woher kommen die meisten dieser Regeln?

Diese Vorschriften wurden hauptsächlich von Mönchen und buddhistischen "Gelehrten" nach der Lebenszeit des Buddha festgelegt, ähnlich der unzähligen Regeln und Vorschriften, die von der katholischen Kirche lange nach dem Tod des Jesus erlassen wurden.

Doch sind diese später geschaffenen buddhistischen Regeln und Vorschriften mit den Werten des historischen Buddha in Einklang zu bringen?

Ich sage nein!

BUDDHISMUS UND REGELN

Der Buddha hat jahrelang meditiert um Erleuchtung zu erfahren, und ist dabei gescheitert. Sogar Wikipedia führt aus, dass Buddha die Erleuchtung eben gerade nicht durch Meditation und Askese erreichte.

Als er abgezehrt und dem Tode nahe schon „aufgegeben" hatte, nahm er ein Bad am Ufer des Neranjara-Flusses.

Dann, als er sich am Flussufer niederließ, erfuhr er Erleuchtung.

Erst als der historische Buddha ganz losgelassen hatte, schon komplett aufgegeben hatte, erwachte er.

Heute hören wir immer wieder, man müsse als Buddhist so und so meditieren, um es dem Buddha nachzutun, diese und jene Regeln befolgen.

Buddha konnte nicht erklären, wie er die Erleuchtung erfuhr, der Buddha hat keinen Text hinterlassen wie man Erleuchtung erfahren kann.

In seinen Dharma-Gesprächen leitete er seine Anhänger gerade dazu an, nicht zu meditieren, sondern in sich selbst nach Erleuchtung zu suchen.

Sein Weg war es, das Ego seiner Anhänger zu begrenzen, eine schlechte Angewohnheit nach der anderen bei ihnen abzuschaffen.

Alle Regeln sind nichts anderes als Meinungen und Anleitungen.

Es geht aber nicht um das Befolgen von Regeln, sondern um das Erreichen von Erleuchtung, um das Erwachen.

Die meisten Regeln wurden von den Menschen geschaffen, die selbst nicht erwacht sind und den Buddha nicht wirklich verstanden haben.

Was machte den historischen Buddha so bekannt, so populär, dass er bis heute Millionen von Menschen ein Vorbild wurde? Regeln?

Nein!

Buddha ist uns ein Begriff weil er Erleuchtung erfuhr, nicht weil er sechs Jahre sinnlos meditierte. Obwohl er explizit sagte, dass er seine Erleuchtung nicht durch Meditation erreichte, meditieren unzählige Menschen in der Hoffnung so zu erwachen.

Regeln über Regeln!

∎

Schließe die Augen!
Was Du dann siehst, gehört Dir!

Viele Menschen definieren sich über das,
was sie besitzen, was sie kaufen, was sie
nach außen darstellen.

Das ist verständlich, ist doch das Innere
nicht herzeigbar und kann auch schwer
erklärt oder gar dargestellt werden.

Als Buddhist ist es aber gerade nicht das Äußere
über das wir uns finden, sondern unsere inneren
Werte zählen, wie etwa Mitgefühl, Liebe und
Verständnis.

Wenn wir von dieser Erde gehen, können wir
nichts mitnehmen, daher gehört uns auch nichts.

Das letzte Hemd hat keine Taschen.

Wir haben die Dinge nur geliehen, sie gehören
uns nicht, alles was wir unser nennen gehört
uns nicht, wird verfallen, wird in tausenden von
Jahren so wie wir zu Staub.

So, wenn wir die Augen schließen, was sehen wir
dann?

Nichts

GESCHLOSSENE AUGEN

Und genau das gehört uns, nichts.

Wenn wir uns diese Tatsache vergegenwärtigen,
dann bleibt ja nur eine wirkliche Lösung, nämlich
uns um unser Inneres zu kümmern.

Und dabei bietet es sich doch an, es einmal mit der
Lehre des Buddha zu versuchen.

Was machte diese Lehre so stark ,dass sie über
2500 Jahre von den Menschen weitergegeben
wird? Was machte diesen jungen indischen
Prinzen zum Vorbild für Millionen von Menschen,
seit tausenden von Jahren vielleicht sogar für
Milliarden?

Der historische Buddha hat Erleuchtung gefunden,
er ist erwacht.

Nachdem er seinen meditativen Übungen nach
sechs Jahren aufgab und sich erschöpft damit
abgefunden hatte, Erleuchtung nicht zu erfahren,
genau dann ist er erwacht.

Erleuchtung ist das Ziel eines Buddhisten.
Und Erleuchtung ist kein exklusives Recht
des historischen Buddha, nach seinen Worten
ist Erleuchtung in uns allen angelegt, sie ist
verschüttet, aber noch immer da, in uns.

Lassen Sie uns gemeinsam danach suchen, in
unserem Inneren.

∎

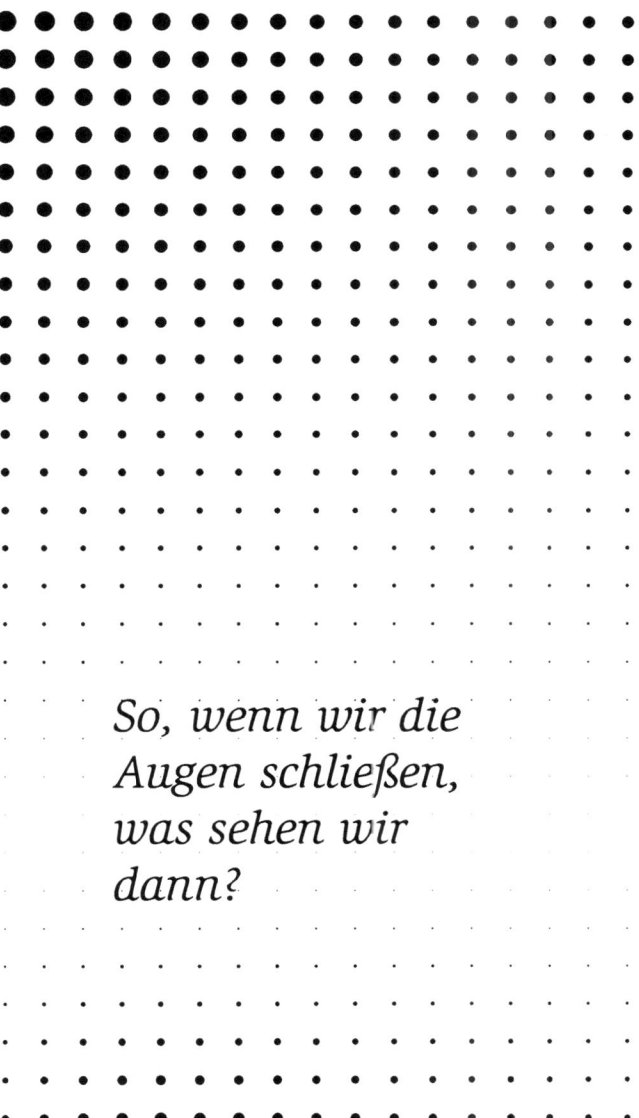

So, wenn wir die Augen schließen, was sehen wir dann?

Universitätsabschlüsse,
Gesellenbriefe, Meisterbriefe,
Zulassungen, Berechtigungen, Papier
über Papier, Webseiten über Webseiten,
Texte über Texte.

Blindes Vertrauen in Diplome, Urkunden,
Scheine und Verträge, Videos und
Podcasts.

Aber woran erkennt man die Person, die einem
wirklich weiter helfen kann? Etwa einen Chan-
Meister (Zen).

Wie kann man unter den vielen "Experten" die
wirklichen Meister herausfinden?

Und überhaupt, was macht einen echten Lehrer
aus?

Unsere Sichtweise auf die Dinge ist getrübt, wie
bei einer verdreckten Brille lagern Schichten
über Schichten von Fett, Ablagerungen und
Ausdünstungen auf unserer Wahrnehmung.

Gewohnheiten, Erziehung, Veranlagung, Gene, alle
möglichen Ursachen haben zum Dreck auf unseren
"Brillen" geführt, dazu sind die Gläser vielleicht
auch noch getönt.

BUDDHISMUS UND DIE KLARE SICHT

Ein guter Chan-Meister macht unsere Sicht wieder klar, er entfernt Schicht für Schicht von den Gläsern, er ermöglicht uns wieder zu sehen, die Realität wieder zu erleben.

Er macht unsere Augen sauber, behutsam und ruhig, ohne Hast, immer die Wahrheit sprechend, langsam führend, aber bestimmt und bestimmend.

Tinte auf Papier ist nichts, Leere ist Form, und Form ist Leere.

Wenn wir einen Menschen treffen der uns weiter helfen kann, ob im wahren Leben oder virtuell, merken wir es daran, dass wir erkennen, plötzlich wieder besser sehen, es fällt uns einfach leichter, die Wahrheit offen anzusprechen (denn was wahr ist darf man, muss man, sagen)!

Die meisten Menschen sind auf der Suche nach Glück, Verbesserung, Entfaltung ihrer Person zum Besseren.

Was für ein schönes Gefühl, wenn Schicht für Schicht von den Gläsern abfällt und wir wieder wirklich wieder SEHEN können.

■

*Tinte auf Papier
ist nichts, Leere ist
Form, und Form ist
Leere.*

Wenn Menschen im Wasser
am Ertrinken sind, dann muss der
Meister ins Wasser springen und helfen.

Von Außen kann man nichts erreichen.

Ein Meister darf nicht stolz sein, wenn
die Menschen leiden muss man diesen
Personen beistehen.

Dabei macht es keinen Unterschied, ob es sich
um eine Prostituierte oder einen Minister handelt,
der Meister muss "von seinem hohen Ross"
heruntersteigen, sonst gibt er nur leere Ratschläge.

Yuima war kein Mönch, er war ein Laienmönch
in Indien, Schüler des historischen Buddha
Siddhartha Gautama und ein normaler Mensch.

Seine Ausführungen waren geistreich und witzig,
voller Humor und Weisheit.

Die Kernaussage der Yuima Sutra ist, dass jeder
erwachen kann und Erleuchtung erfahren wird,
wenn er dies ernsthaft versucht.

Dabei spielt es nach Yuima keine Rolle, ob man
reich oder arm ist, intelligent oder dumm, sogar ob
man an Buddha glaubt oder nicht sei unerheblich.

BUDDHISMUS UND DIE YUIMA SUTRA

Selbst wenn man nicht die Worte Buddhas nutzt könne man Erlösung finden.

Yuima hatte dabei keine Regeln, er ging überall hin, keine Regeln zu haben war seine einzige Regel.

Er ging selbst in Freudenhäuser, um dort die Menschen zu erleuchten.

Auf den Pfaden des Chan (Zen), mit den Worten der Menschen die er traf. Wie etwa ein Arzt, der seinen weißen Kittel dreckig macht, der auch dies aushalten muss wenn es "schmutzig" wird.

Um mit den Menschen zu kommunizieren, um zu ihrem Geist vorzustoßen.

Er machte dies, ohne sich um seine eigene Person zu kümmern, er ging „durch" die Situationen und Begebenheiten. Wie mit dem Geist des historischen Buddha, wie Eltern die sich um ihre Kinder kümmern.

Ob ich ins dreckige Wasser steige oder in sauberes, der Punkt ist, dass der Meister dorthin gehen muss, wo die Menschen ihn brauchen, nicht mit „hinter dem Rücken verschränkten Armen" in einem sauberen Tempel warten soll.

Nicht nur „Bla bla bla", sondern durch sein Tun und Handeln zu helfen, vergleichbar mit Mutter Theresa.

Seine Ausführungen weisen darauf hin, dass das ganze Leben nur ein Traum ist, dass es nur um das Erwachen geht.

Der Lotus wächst nur im dreckigen Wasser, wird aber niemals schmutzig, deshalb nennen wir den Lotus auch „Buddhas Blume", so wie Buddhas Geist, das können wir sein, wer auch immer.

Das ist was Buddha und Yuima sagten, also warum nicht versuchen.

■

Haben Sie schon einmal
Wellenreiten im TV oder am Strand
gesehen?

Es geht dabei um den richtigen Moment
um auf die Welle „aufzuspringen", sie zu
reiten, auf ihr zu surfen.

Und es muss alles im Einklang mit der
Natur sein, wir sind ein Teil der Natur,
aber häufig vergessen wir dies.

Nicht wir haben die Welle gemacht, nicht ich habe
den Weg gemacht, sondern die Natur hat die Welle
gemacht, ich muss ein Teil der Welle, des Wassers
werden.

Wenn wir zu angespannt sind wird unser Körper
hart. Wir können dann nicht Teil der Welle sein.
Flexibel wie Bambus, hart und doch weich,
sollten wir sein, fest aber sanft, schnell und doch
langsam.

Alles was wir dafür tun müssen, ist die Augen
zu öffnen, der Rest kommt von alleine. Ähnlich
der Erleuchtung, die zu denen kommt die sie
begehren.

Wie bei der perfekten Welle ist auch unser
normales Leben ein Teil der Natur.

BUDDHISMUS UND DIE PERFEKTE WELLE

Wir müssen durch die Angst gehen, unser Schicksal annehmen.

Ähnlich einem Boxkampf, wir werden angegriffen, unser Körper reagiert „ohne Nachzudenken", automatisch, aus der Natur der Dinge heraus.

Wenn die Welle kommt, sehen Sie die Welle wie ihre Angst, sehen Sie die Realität der Angst, öffnen Sie ihre Augen, wir können nicht gegen die Welle ‚ansurfen', wir müssen mit ihr „gehen".

Buddha sagte, dass man die Wellen nicht aufhalten kann.

So können wir die Dinge in unserem täglichen Leben nicht ändern.

Wenn es regnet oder die Sonne scheint, wir müssen das Wetter annehmen, unsere Augen offen halten, realistisch die Dinge um uns herum betrachten und uns an den Wellen erfreuen.

Man kann die Welle nicht aufhalten.

■

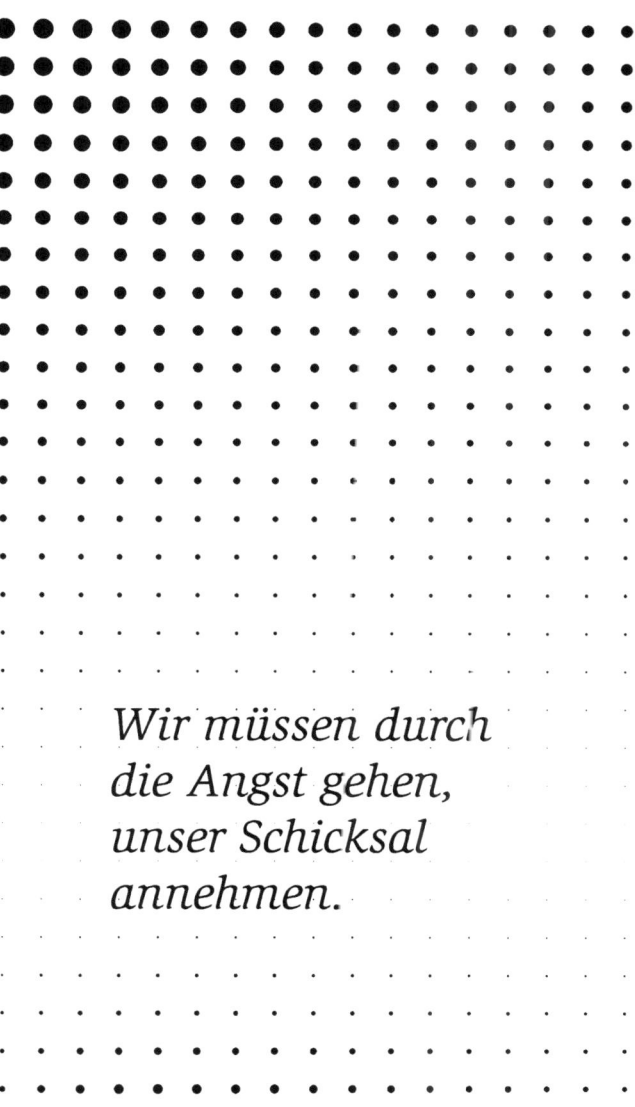

*Wir müssen durch
die Angst gehen,
unser Schicksal
annehmen.*

In unserer heutigen, komplizierten Welt haben viele, wenn nicht sehr viele, Menschen mentale Probleme.

Die Menschen sind verunsichert, verängstigt, haben meist ausreichend zu tun, aber wenig Zeit sich um sich selbst zu kümmern, haben Neurosen, Depressionen und mentale Probleme entwickelt.

Da die Bindung zur Kirche immer weiter zurück geht, kommt auch immer weniger die spirituelle Komponente zum Tragen.

Die meisten Menschen wursteln so vor sich hin, versuchen alles „selbst" zu regeln. Auch Psychiater oder andere ausgebildete Helfer werden kaum konsultiert, schließlich haben ja „alle anderen eine Macke, aber doch nicht ich".

In der Bibel steht:

„Warum siehst du den Splitter im Auge deines Bruders, aber den Balken in deinem Auge bemerkst du nicht? "
(Matthäus 7,3)

BUDDHISMUS UND MENTALE PROBLEME

Scheinbar ist das Problem nicht gerade neu, allerdings kommt in unserer schnelllebigen Zeit eine neue, beschleunigende Potenz dazu.

Wenn man den Menschen dann sagt, dass etwas falsch läuft, dass ihr Verhalten krank ist, dann werden diese meist wütend, wenden sich ab oder gehen gar zum (verbalen) Angriff über.

Mentale Probleme entstehen meiner Meinung nach durch zu viel (und falsches) Denken, schon der historische Buddha sagte, dass wir alle krank sind, dass das Denken uns mehr schadet als nützt.

Wenn wir die Insassen einer mentalen Einrichtung betrachten, die meisten haben ihre Erkrankung durch das Denken.

Unser Ego fängt an, denkt über dies und jenes nach, die Gedanken schweifen immer weiter ab, die Grenze zwischen einem starken Ego und einem mentalen Problem sind fließend.

Verfolgen Sie bewusst ihre Gedanken, weisen Sie ihr Ego an überflüssige Gedanken zu unterlassen (hätte, hätte, hätte, wenn, wenn, wenn), denken Sie nur nützliche, positive Gedanken, nutzen Sie die Gelegenheiten auch einmal "nichts" zu denken.

Wir alle haben mentale Probleme, der erste Schritt zur Gesundung ist es, dies sich selbst einzugestehen, zu erkennen.

Alle sind wir krank, und alle haben wir die Möglichkeit zu gesunden.

Wollen Sie es nicht einmal versuchen?

Vor einiger Zeit saß ich in einem Kaffeehaus in Stuttgart am Schlossplatz, draußen in der Mittagssonne.

Eine ältere Dame fragte, ob der zweite Stuhl noch frei sei, ich bejahte, sie setzte sich, wir kamen ins Gespräch.

Sie sagte sie sei Christin, ich sagte ich bin Buddhist.

„Oh, das sind ja die Egoisten, die sich immer nur um sich selbst kümmern" sagte sie, ich war verwundert.

Wie sie denn auf die Idee käme, fragte ich.

"Ja, im Buddhismus gehe es ja um die Erleuchtung, also seinen Buddhisten Egoisten".

Ich wurde grantig, es entwickelte sich ein Streitgespräch, bei dem es (wie bei den meisten Streitereien) keinen Gewinner gab, jeder hatte seine Meinung, wir trennten uns höflich aber wurden keine Freunde.

Die Essenz einer Religion ist es nicht sich zu streiten, sondern sie sollten Harmonie erschaffen.

DIE VERSCHIEDENEN VÄTER

Wollte die Dame mir sagen, ihre Religion sei besser als die meine?

Was waren ihre Beweggründe?

Und warum wusste sie nicht, dass Buddha keinesfalls ein Gott war?

Und weshalb hat sie mich überhaupt wegen meiner Aussage ein Buddhist zu sein angegriffen?

Und überhaupt, ich sehe Buddha als meinen Vorfahren an, als meinen Vater. So wie sie wahrscheinlich Jesus als ihren Vater sieht.

Also, warum respektieren sich die Kinder der verschiedenen Väter nicht mehr, warum gibt es keinen Frieden zwischen den Religionen?

Mein Vater ist besser als der deine?

Wenn wir gerade bei den Väter sind, was wäre wenn mein leiblicher Vater ein bettelnder Penner auf der Straße wäre?

Trotzdem ist er dann mein Vater, sich über ihn negativ auszulassen wäre auch nicht gerade hilfreich, und wahrscheinlich auch verletzend.

Wenn Jesus, Allah und Buddha am selben Tisch sitzen würden, jetzt gerade, über was könnten sie sprechen?

Würden sie streiten?

Sich über die Kinder der beiden Anderen lustig
machen?
■

Man kann nicht zweimal in denselben Fluss steigen.

Wie ist das Leben, was macht unsere Existenz aus?

Am besten kann man das Leben mit einem Fluss vergleichen.

Dem griechischen Philosoph Heraklit wird folgender Satz zugesprochen:

„Man kann nicht zweimal in denselben Fluss steigen. "

Es ist unser Körper, der in den Fluss steigt, gestern und heute, aber es ist nicht dasselbe Wasser, es ist ein gänzlich anderes Wasser. Das Wasser von gestern ist schon viele Kilometer entfernt, vielleicht badet gerade jemand im selben Wasser, das mich gestern erfrischt hat.

Die Vorstellungen des historischen Buddha und von Heraklit zeigen erstaunliche Übereinstimmungen.

Beim griechischen Philosoph drehen sich die Überlegungen um die Einheit der Dinge, das Ganze und das Nichtganze, um Zusammengehendes und

BUDDHISMUS UND DER FLUSS

Auseinanderstrebendes. In der buddhistischen Philosophie findet sich in der Diamant Sutra die Aussage:

„Form ist Leere und Leere ist Form".

Darüber kann man nachdenken!

Der Fluss des Lebens startet zaghaft, im Leib der Mutter, verbreitert sich bei der Geburt, fließt mit anderen Flüssen (anderen Menschen) zusammen, das Wasser schwillt an, ebbt ab, das Wasser verdampft, fällt zurück auf die Erde.

So wie man nicht zweimal in denselben Fluss steigen kann, so kann man auch sonst nichts zweimal machen, die Zeit ist vorbei, es ist nicht wie es war, es ist neu, die Situation kommt so nicht zurück.

Selbst die Dinge die ich gut kenne, etwa mein Lieblingsessen, immer ist es etwas anders, niemals hat es denselben Geschmack, niemals fällt der Regen genau gleich, niemals ist etwas wie es schon einmal war.

Folgen Sie dem Fluss des Lebens, genießen Sie das kühle Nass, die Erfrischung, die Menschen und Begebenheiten die am Ufer vorbei ziehen.

Jeder Tag ist heute, selbst wenn Sie dieselben Dinge tun wie gestern. Selbst wenn Sie heute die Worte des Buddha lesen, und morgen wieder, am selben Stuhl sitzen, werden andere Gedanken auftauchen, sich andere Wege auftun.

Jeder Moment ist Kontinuität.

Das Jetzt ist immer anders, wir kennen NICHTS, alles verändert sich, der Fluss fließt. ■

Die Frage ist wie wir mit dem
Warten umgehen!

Ständig warten wir auf dieses und
jenes. Auf den Termin beim Arzt, auf
den Feierabend, auf unseren Partner,
darauf, dass die Kinder nach Hause
kommen, auf den Urlaub, darauf, dass
die Schmerzen nachlassen, darauf, dass
wir gesund werden, immer warten wir
auf etwas.

Und das Warten ist eines der schwierigsten Dinge
überhaupt. Erinnern Sie sich noch an den Moment
wenn die Mutter sagte:

„Gedulde Dich, mach langsam"?

Gerade bei wichtigen Punkten kann uns das
Warten „um den Verstand bringen", uns
"verrückt machen", das Warten und die Hoffnung
sind übrigens auch Geschwister, hängen eng
zusammen.

Wie geht man mit dem Warten um?

Wie warten wir?

Auf Englisch heißt der Kellner „waiter", also
jemand der auf etwas wartet, weil der Kellner

DAS LEBEN BESTEHT AUS WARTEN

hauptsächlich auf Kundschaft wartet, um sie dann zu bedienen. Kellner sind meist sehr gut im "Warten".

Und wie verhält es sich mit dem Warten nach der Lehre des Buddha?

Nach Buddha ist man dann glücklich, wenn man keine Wünsche hat.

Dies setzt jedoch ein gewisses Maß an Gleichmut und Erkenntnis voraus, haben wir doch alle Bedürfnisse. Wenn wir uns nichts wünschen und nicht bedürftig sind, dann warten wir folgerichtig auf nichts, nehmen alles wie es kommt, mit Gelassenheit und in uns ruhend.

Also, wie kommt man in einen Zustand in dem man keine Wünsche hat?

Indem man Erleuchtung findet, erwacht.

Einfacher gesagt als getan. Beschäftigen Sie sich überhaupt mit der Erleuchtung?

Erleuchtung kommt zu denen die Sie ernsthaft anstreben, suchen kann man sie nicht wirklich, sie kommt zu uns, nicht wir „finden" sie.

Erwachte Menschen haben keine Wünsche mehr, sie sind "wunschlos glücklich". Vielleicht auch glücklich weil sie wunschlos sind.

Alles hängt zusammen, die Reise zur Erleuchtung ist eine sehr individuelle, es gibt dafür keine Gebrauchsanweisung.

Niemand kann Erleuchtung lehren, nicht einmal der Buddha.

Aber wir können uns für die Erleuchtung bereit machen, die Voraussetzung für die Realisierung schaffen.

Wollen Sie das?
■

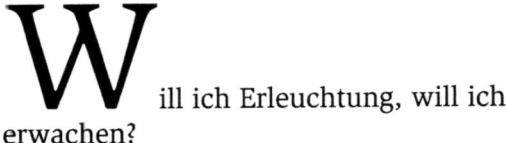

Will ich Erleuchtung, will ich erwachen?

„Wir denken selten an das, was wir haben, aber immer an das, was uns fehlt." [Arthur Schopenhauer]

Nach dem historischen Buddha ist das Denken das was uns schmerzt, uns schadet.

Wie beim Zitat des Arthur Schopenhauer denken wir besonders an die Menschen und Dinge, die uns fehlen, was wir haben nehmen wir als Selbstverständlichkeit.

Wir wünschen uns so vieles, einen liebevollen Partner, Geld und Erfolg, Gesundheit und Glück, große Sachen und Kleinigkeiten, den ganzen Tag (und Nachts im Traum) liefert unser Ego ein Feuerwerk von Gedanken, Wünschen, Hoffnungen, Ängsten und Träumen.

Alle Wünsche basieren auf Gedanken, auf „wie schön wäre es ....", auf "wenn wenn wenn", „hätte hätte hätte", die wenigsten Gedanken sind nützlich, das Ego plappert konstant vor sich hin.

Und genau diese Gedanken schaden uns, bereiten uns Schmerzen, weil wir uns Sorgen machen,

BUDDHISMUS UND
UNSERE WÜNSCHE

unsere Wünsche werden über unser Ego zum Nachteil für uns.

In meinem Blog geht es meist um Erleuchtung, wie man zum Erwachen kommen kann, wie die Reise aussehen könnte.

Ein ganz wichtiger Schritt auf dem Weg zum Erwachen ist es, das Ego in den Griff zu bekommen, den vor sich hinplappernden Affen in unserem Kopf in den Griff zu bekommen.

Durch das Ego tauchen in unseren Gedanken die verschiedensten Wünsche auf, die mögliche Nichterfüllung unserer Bedürfnisse macht uns Sorgen, wir sorgen uns sowieso zu oft.

Das Ego sollte unser Diener sein, nicht wir der Diener des Egos. Wir müssen die Kontrolle über das Ego erreichen, sonst ist Erleuchtung nicht greifbar.

Wenn in unserem Denken neue Wünsche auftauchen sollten wir sie hinterfragen, woher kommt gerade jetzt der Gedanke, warum taucht er überhaupt auf.

Nun fragen Sie sich mit Recht, wie das funktionieren soll, wie man die Gedanken in den Griff bekommt, wie man die nötige Ruhe findet, sich gegen das eigene Ego durchzusetzen?

In dem Sie sich mit dem Thema Erleuchtung beschäftigen, es als erstrebenswert ansehen, darüber nachdenken.

Aber nicht auf der Ebene des Egos, sondern mit dem rationalen Teil der Gedanken, die von den Gedanken des Egos klar abzutrennen sind.

Will ich Erleuchtung, will ich erwachen?

Wenn die Antwort "Ja" ist, sind Sie auf dem besten Weg.

Statt über Wünsche und Bedürfnisse nachzudenken, anstatt sich vom Ego führen zu lassen, machen Sie sich konzentrierte Gedanken welche Vorbereitungen Sie für die Reise zum Erwachen ergreifen können.

Jede Reise beginnt mit einem kleinen Schritt.

Auch die Reise zur Erleuchtung! ∎

Was bringt es?

Betrachtungen zum Ego.

Ich habe mich kürzlich mit einem sehr netten Mann unterhalten, wir kennen uns schon einige Zeit, haben aber noch nie wirklich miteinander gesprochen. Ich nenne ihn hier Charly.

Charly hat Depressionen, kommt deshalb kaum aus dem Haus, vergräbt sich, hat gute und schlechte Tage.

Die Medizin, meinte er, könne ihm nicht wirklich helfen.

Charly hat wegen der Krankheit seine Arbeit verloren, hat wenig menschliche Kontakte.

Während wir sprachen habe ich mir überlegt was ich für ihn tun kann, wie ich ihn unterstützen könnte.

Ich mag Charly sehr, er hat eine super angenehme Art, ist ein richtig guter Kerl. Seine Ausstrahlung ist warm, seine Stimme weich und angenehm.

Er berichtete von den Depressionen seiner Mutter, wie er sie früher als Person nicht verstanden

BETRACHTUNGEN
ZUM EGO

hat, ob die Krankheit vielleicht erblich sei, oder ob möglicherweise kranke Eltern kranke Kinder erziehen.

Seine inneren Widerstände, sein mangelnder Selbstwert, seine Zerrissenheit haben mich sehr berührt, auch wie Charly sich mir öffnete, mir vertraute.

Ich fragte, ob er denn gläubig sei, ob er "Halt" habe. Er meine er sei Christ. Ich fragte, ob er auch Interesse am Buddhismus habe. Ja, er meditiere, fühle sich dann doch wohl, habe aber oft nicht den „Anpack" die Übungen zu machen.

Ob er sich denn schon einmal mit dem „Erwachen" beschäftigt habe, fragte ich. Ja, habe er, doch davor habe er Angst, das Thema sei zu groß für ihn.

Buddha hätte doch gesagt, die Erleuchtung sei in jedem von uns, man müsse sie nur "finden", in unseren Tiefen, meinte ich. Ja, aber da hätte er Bedenken ob er das denn wert sein.

Ich meinte, dass nur sein Ego ihm so einen Blödsinn einflüstert, wie ein kleiner Affe der auf seiner Schulter sitzt und ihn beeinflusst, dass das Ego sein Diener sein müsse und nicht sein Herr, dass er das Ego zum Schweigen bringen solle, es wenigstens versuchen könnte.

Charly erzählte, ja, ich hätte da recht, er hat sogar dem kleinen Wesen auf seiner Schulter schon einen Namen gegeben.

Mein Ratschlag war, sich immer wenn das Wesen sich bemerkbar mache er sich auf das Thema "Erleuchtung" konzentrieren solle, er immer dem Wesen mit diesem (neuen) Thema das Wort nehmen und mit seine Gedanken dem Wesen „wegnehmen" kann.

Ich erzählte ihm auch von meinem Blog und hoffe er wird diesen Beitrag lesen.

Das Ego abzuschalten ist der erste Schritt, um das richtige Umfeld und die richtigen Bedingungen für die Erleuchtung zu erschaffen.

Auch eine große Reise beginnt mit einem kleinen Schritt! ∎

Es war einmal ein Mann, der lebte abgeschieden, direkt am Weg zwischen einem wunderschönen Berg und der nächstgelegenen Stadt.

Wenn der Mann vor die Tür ging, sah er den Berg, betrachtete ihn lange und genau, erfreute sich an der Anmut, der Ausstrahlung und der Vornehmheit des stillen Riesen weit in der Ferne.

Die Anhänge strahlen in leuchtendem Grün, die mittleren Lagen erscheinen steinig und bräunlich, der Gipfel majestätisch und schneebedeckt.

Er sah den Pfad, der sich von seinem Haus bis zum Fuß des Berges durch die unberührte Natur zog, sah vereinzelte Menschen dort laufen, sah wie das Wetter sich veränderte, manchmal regnete es, schneite es, die Sonne schien. An einigen Tagen war der Gipfel im Nebel verborgen, manchmal leuchtete der Schnee grell von der Sonne.

Können Sie den Berg und den Weg dorthin in ihrem Inneren sehen?

Schließen Sie die Augen und lassen Sie sich von seiner Eleganz in den Bann ziehen.

DER BERG VOR
MEINER TÜR

Jeden Tag dachte sich der Mann :

"Eines Tages steige ich auf den Berg, ich muss nur noch dies und jenes erledigen".

Reisende kamen an seinem Haus vorbei und machten bei ihm Rast, erzählten vom Berg, waren entweder auf dem Weg zum Berg, oder kamen von dort zurück.

Die Einen erzählten, dass sie jetzt den Berg besteigen wollen, warum sie sich auf den gefährlichen Weg machen, was sie glauben zu erwarten.

Sie berichteten dem Mann von den Vorfreuden der Besteigung, sie erzählten ihm von ihrer Heimat, von ihren Lieben zuhause.

Die Anderen kamen vom Berg zurück, erzählten vom beschwerlichen Aufstieg, den Gefahren unterwegs, von der unbeschreiblichen Freude am Gipfel zu sein, von der unglaublich schönen Aussicht ins Tal, wie weit der Blick schweifen kann, welche Reisebegleiter ihnen begegneten, wie die Pläne für die Zukunft sind, was ihnen der Berg und die Besteigung bedeutet.
Der Mann hörte alle Geschichten geduldig an, bewirtete die Reisenden, manche blieben länger, andere verweilten nur kurz, manche gingen

einfach an seinem Haus vorbei.

Jeden Abend plante der Mann morgen, ja morgen,
werde er sich auch auf den Weg machen, den
Berg besteigen, die Aussicht genießen, am Gipfel
verweilen.

Als er aufwachte wollte er dann nur noch schnell
etwas erledigen. Schließlich ist der Berg morgen
auch noch da.

Der Weg ist das Ziel!

Das eigene Ich ist eine Illusion, wir spielen alle eine Rolle.

Nach Shakespeare ist die Welt eine Bühne.

Über die Zeit sind wir mit der Rolle die wir spielen verschmolzen, sie ist uns "in Fleisch und Blut" übergegangen.

Wir meinen die Person aus der Rolle seien wir, aber sind wir diese Person jemals gewesen?

Die Aufgabe eines Chan (Zen)-Meisters ist es, bei anderen Menschen wie bei einer Zwiebel diese Rolle Schicht für Schicht abzublättern.

Wie nehmen wir uns selbst wahr?

Und wie die Welt um uns herum?

Und wer ist verantwortlich für die Sichtweise mit der wir uns und unsere Umgebung wahrnehmen?

Nehmen wir wahr, also sehen wir ehrlich wie wir und unser Umfeld sind?

Ich behaupte: NEIN

BUDDHISMUS UND DIE EIGENE WAHRNEHMUNG

Wir nehmen die Welt und uns selbst aus unserer Rolle heraus wahr, also ist nichts wahr, es gibt in unserer Wahrnehmung keine Wahrheit, nur wie wir es sehen wollen, so sehen wir es!

Unser Ego plappert vor sich hin, so und so hat die Wahrnehmung zu sein, unsere Wünsche, Hoffnungen, Erwartungen, Bedürfnisse und Ängste schlagen voll durch.

Wir entwickeln unsere Rolle ständig weiter, sie wächst zusammen mit dem Ego.

Aber wir sind enttäuscht wenn Wünsche, Hoffnungen, Erwartungen und Bedürfnisse nicht befriedigt werden, unsere Ängste „bewahrheiten" sich.

Ja, die Enttäuschung, was sind wir nicht immer enttäuscht.

Und wer ist verantwortlich für alle Enttäuschungen in unserem Leben?

WIR SELBST

Unser Ego hat Wünsche, Hoffnungen, Erwartungen und Bedürfnisse entwickelt, die gar nicht eintreffen können, wir sind zwangsläufig enttäuscht.

Weil wir das Leben nicht annehmen wie es ist, sondern ständig die Ereignisse so wollen, wie es unser Ego vorplappert, der Rolle entsprechend.

Also haben wir alle Enttäuschungen in unserem Leben selbst produziert, alle Probleme sind hausgemacht, selbst hergestellt.

Da hilft es dann auch nichts, sich über Probleme, Enttäuschungen und Misserfolge bei den Göttern zu beschweren.

Alles entsteht durch falsche Wahrnehmung, durch das Ego, das entsprechend unserer Rolle das Denken, das Fühlen, sogar das Handeln bestimmt.

Hier gilt Ursache und Wirkung. Was war zuerst, die Henne oder das Ei?

Unser Ego plappert, die Rolle entsteht, darauf basieren Wünsche, Hoffnungen, Erwartungen und Bedürfnisse.

Und der Ausweg?

Richtig:

ERLEUCHTUNG

■

Warum habe ich dieses Buch geschrieben?

Als ich vor vielen Jahren nach China reiste, hatte ich zu Buddhismus keinen Bezug. Über die Jahre lernte ich Chan (Zen)-Meister kennen, habe besondere und auch erleuchtete Menschen getroffen (meinen koreanischen Bruder Taema vorneweg), habe mich langsam für Buddhismus interessiert.

2001 Gründete ich dann in Berlin den Shaolin Tempel Deutschland, Kampfsport und Buddhismus wurden mein Lebensinhalt. Über all die Jahre hat sich die Gewichtung dann zu Buddhismus verschoben, Kung Fu rückte immer weiter in den Hintergrund.

Das zentrale Thema bei der Lehre Buddhas ist die Erleuchtung, fast jeder Text in diesem Buch handelt vom Erwachen.

Am Anfang war mein Verhältnis zur Erleuchtung sehr zwiespältig, ich schwankte in der Einschätzung zwischen esoterischem Blödsinn und „naja, vielleicht ist es möglich".

Heute weiß ich, Erleuchtung ist für alle Menschen möglich.

BUDDHISMUS IN NEUEN KLEIDERN

Die Meister die ich traf, die Menschen aus dem
Umfeld der Tempel, erleuchtete und solche
die noch Erleuchtung begehren, ermutigten
mich aus der „Deckung" zu kommen, meine
Ansichten zum Geist des Buddha auszudrücken,
niederzuschreiben.

Als dann noch das Buch 'Shaolin-Rainer' von Karl
Kronmüller über meine Lebensgeschichte erschien,
kam ich aus der Sache nicht mehr heraus, die
Ermutigungen wurden zu einem Drängen,
Rainer, warum machst Du nicht mehr aus deiner
Geschichte, aus deinem Wissen, warum stehst Du
nicht zu deiner Aufgabe?

Ich als buddhistischer Lehrer?

Was für eine seltsame Vorstellung. Warum gerade
ich?

Aber ich habe Jahre in einem buddhistischen
Tempel gelebt, ich hatte eine Mönchsordination
(mit Heirat dann verloren). Ich habe Tempel
gegründet und geführt.

Also warum nicht ich.

Schaue nicht auf meinen Finger, schaue auf die
Richtung in die er zeigt!

O mi to Fo